みんなで
「深い学び」を
達成する授業

形成的アセスメントで
子どもが自ら学びを把握し改善する

安藤 輝次 著

図書文化

はじめに

　今回改訂された小学校及び中学校の学習指導要領では，教える内容は現状維持で，**主体的・対話的で深い学びの授業**をするようにいっています。子どもに深い学びをさせるには，これまで以上に時間を要しますから，これは無理な話です。

　とはいえ，人工知能（AI）や物とインターネットの接続（IoT）が飛躍的に発展してきており，2030年には，多くの職業が消え去ることが未来の現実となってきています。その中で，深い学びの授業は無理だから，昭和の頃からやってきたように，教師の説明中心の授業をやって，テストで評価すればよいという訳にもいきません。

　この難問に対して，私は，**1つの学習課題を2コマ以上の授業で課題解決し，学びをフィードバックしながら，出来・不出来・改善策の3点を講じる「1・2・3の全員達成授業モデル」**を提案したいと思います。

　我が国では，戦後から授業研究が盛んで，図1のように，1コマの授業の磨き合いをすることによって，結果的には読書算ができない人はほぼおらず，世界的にも高く評価されてきました。しかし，この成功モデルが，深い学びの普及の妨げになっています。45分や50分の**1コマでは，知識や技能の習得が精いっぱい**で，子どもたちに深い学びに至らせるには時間が不足するからです。

導入	展開	結末

図1　これまでの授業

　子どもに深い学びをさせるには，単元を貫くような1つの学習課題に取り組ませればよいという意見も多いでしょう。その通りです。学習指導要領でも

2

はじめに

そういっています。しかし，果たして日常的に図2に示すような授業をしている学校がどれだけあるでしょうか。点線は，1コマ以上の数時間を示しています。

図2 単元を貫く学習課題を追究する授業

このような**単元レベルの授業**は，研究開発校や各種の研究指定校の公開研究発表会や，普通の学校であっても校内授業研究会などでしばしば行われてきたように思います。要するに，これは，**ハレの場の授業研究で採用**されてきたのです。

ところが，新しい学習指導要領では，もっと頻繁に深い学びを展開しなければなりません。**深い学びに焦点化した通知表を付けるためには，各教科で少なくとも毎学期1回，できれば2回は授業をしなければなりません。**とすれば，小学校の場合，「特別の教科　道徳」も含めて全11教科ですから，1つの学期で最低11回は，深い学びの授業づくりをする必要があるということです。

図3　1・2・3の全員達成の授業モデル

1コマ勝負では駄目で，単元でも難しいとすれば，ではどうするのかというと，図3に示すように，学習指導要領で「単元や題材」といっている「題材」に着目して，「最低2コマ」で深い学びができるような授業をデザインすることを提案したいと思います。通常の授業でつまずきやすい題材は，深い学びを伴っており，もっと丁寧に学べば，わかるのではないでしょうか。1コマ余分にその時間を

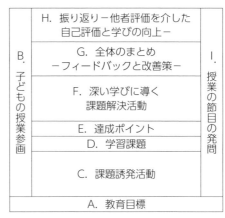

図4　全員達成授業の構成要素

3

保障する程度なら、カリキュラム調整も難しくありません。もちろん単元プラス1コマでも対応できます。

　しかし，この授業モデルは，図4に示すような構成要素を満たさなければ，深い学びの全員達成をすることはできません。

　本書の第1部では，第1章で全員達成授業モデルの概要を説明した後，第2章から構成要素について順を追って説明しています。第2章では，教育目標の確認から深い学びの動詞を盛り込んだ学習課題の設定を，第3章において主体的な学びの核になる達成ポイントを子どもと一緒に共有することを，第4章で課題解決活動における発問の方法を示しています。そして，深い学びの定着のために，第5章で学級全体の，第6章で一人一人の子どもの深い学びの出来・不出来の確認と改善策を見出す方法・技術を述べています。第7章では小学校と高校の授業モデルに基づく実践例を紹介しました。

　これらの基本形を授業に適用しても，**うまくいかない場合には，第2部でその問題対処法を解説**しています。第8章では学級全体の子どもが間違っても笑われないという学級風土の程度を確かめるアンケートを載せて，学級経営のヒントも示しています。第9章で子どもの授業参画の手立てとして特に有効なピア学習の導入法を紹介しています。これは失敗に学ぶ風土づくりにも役立ちます。そして，第10章で前時の復習の徹底法と結末の学習のまとめについての方法・技術を示し，第11章で深い学びの動詞を螺旋的に学校カリキュラムに導入するためのマネジメントについて述べています。

　ところで，各章の最後に，内容を理解しているかどうかを確かめるために「チェック・テスト」を設けており，**「授業者」と「チーム同僚」による「教員の取り組み」**も提案しています。本当に理解するには，教師自身が本書末のアクティブ・ラーニングの技法を使ったり，同僚とペアを組んで，授業に対するアドバイスをもらうような体験をしなければなりません。同僚教師を1人みつけて，これからやろうとする授業について意見や感想をもらってください。授業を5分くらい見てもらっても，よいアドバイスをもらえます。授業で小さな成功を収めれば，他の同僚教師もやってみようということになり，学校全体が「チーム学校」となって，カリキュラム・マネジメントの力も発揮できます。

4

はじめに

　本書では，このような**ペア研修ともいえるボトムアップの研修方法**を推奨しています。第9章で奨励しているようなピア学習のコツに関する台本を作って，巻末資料のアクティブ・ラーニング（AL）技法4「役割演技」をし，他のペアにどのコツかを当てっこするような学校全体の楽しい研修をすることもできます。子どもは，1人で学ぶよりペアで学び合い，相互に評価をすることから始めるのが最も効果的です。教師もまずは本書を手にとって，お読みいただき，チェック・テストをやって，授業に取り組んだとしても，早晩，ペア研修の有効性がおわかりになると思います。

2018年3月

安藤輝次

はじめに……………………………………………………………… 2

第1部　基本形理解編

第1章　深い学びの全員達成授業モデル

キーワードは全員・深い学び・達成 …………………………… 12
資質・能力とは何か？ …………………………………………… 14
「対話的学び」は古くて新しい学び方 ………………………… 14
1コマ勝負の授業を打破する …………………………………… 15
子どもが社会で活躍できる時代を見据える …………………… 18
全員達成の鍵は「形成的アセスメント」……………………… 18
全員達成授業モデル ……………………………………………… 20
授業モデルの5つの特徴 ………………………………………… 23
実践例から授業イメージを描くと ……………………………… 24
授業のデザインとは何か？ ……………………………………… 24
授業モデルの基盤にあるのは？ ………………………………… 27
チェック・テスト ………………………………………………… 29
教員の取り組み …………………………………………………… 30

第2章　教育目標と学習課題づくり

教育目標と学習課題はここが違う ……………………………… 33
学習の質から教育目標を捉える ………………………………… 34
呼びかけか発問の形で学習課題を設定する …………………… 38
深い学びの動詞を入れ込んだ学習課題 ………………………… 39

深い学びの動詞＋「結果の見える化」‥‥‥‥‥‥‥‥‥‥‥‥‥ 40

チェック・テスト‥‥‥‥‥‥‥‥‥‥‥‥‥‥‥‥‥‥‥‥‥‥‥‥ 42

教員の取り組み‥‥‥‥‥‥‥‥‥‥‥‥‥‥‥‥‥‥‥‥‥‥‥‥‥ 43

第3章　子どもと一緒に達成ポイントを創る

主体的学びの鍵としての達成ポイント‥‥‥‥‥‥‥‥‥‥‥‥‥ 46

達成ポイントとめあてとの違い‥‥‥‥‥‥‥‥‥‥‥‥‥‥‥‥‥ 47

達成ポイントで形成的にアセスメントする‥‥‥‥‥‥‥‥‥‥‥ 48

明確な正解がある学習課題の達成ポイント‥‥‥‥‥‥‥‥‥‥‥ 50

特定の正解がない学習課題の達成ポイント‥‥‥‥‥‥‥‥‥‥‥ 51

達成ポイントの創り方‥‥‥‥‥‥‥‥‥‥‥‥‥‥‥‥‥‥‥‥‥ 51

達成ポイントの導入が難しい場合には‥‥‥‥‥‥‥‥‥‥‥‥‥ 53

チェック・テスト‥‥‥‥‥‥‥‥‥‥‥‥‥‥‥‥‥‥‥‥‥‥‥‥ 54

教員の取り組み‥‥‥‥‥‥‥‥‥‥‥‥‥‥‥‥‥‥‥‥‥‥‥‥‥ 54

達成ポイント創りの方法‥‥‥‥‥‥‥‥‥‥‥‥‥‥‥‥‥‥‥‥ 58

　方法Ａ：課題達成をイメージした子どもの提案‥‥‥‥‥‥‥‥ 58

　方法Ｂ：間違った例の提示‥‥‥‥‥‥‥‥‥‥‥‥‥‥‥‥‥‥ 61

　方法Ｃ：モデリング‥‥‥‥‥‥‥‥‥‥‥‥‥‥‥‥‥‥‥‥‥ 63

　方法Ｄ：優劣の学習物や典型例の対比‥‥‥‥‥‥‥‥‥‥‥‥ 66

　方法Ｅ：実験手順や調べ学習の達成ポイントの提示‥‥‥‥‥‥ 70

　方法Ｆ：教師と子どもの願いを組み合わせた達成ポイントの集約

　　‥‥‥‥‥‥‥‥‥‥‥‥‥‥‥‥‥‥‥‥‥‥‥‥‥‥‥‥‥‥‥ 72

第4章　深い学びを促す効果的な発問とは

深い学びを促すための発問の役割‥‥‥‥‥‥‥‥‥‥‥‥‥‥‥ 76

発問は教師と子どもの相互作用‥‥‥‥‥‥‥‥‥‥‥‥‥‥‥‥‥ 79

閉じた発問を開いた発問に変換する手立て‥‥‥‥‥‥‥‥‥‥‥ 80

注意集中のしかけと授業モデルの留意点‥‥‥‥‥‥‥‥‥‥‥‥ 84

主要な発問に厳選して ································· 85

授業場面に沿った発問と指示を ·················· 88

チェック・テスト ······································ 89

教員の取り組み ·· 89

第5章 全体のまとめ −フィードバックと改善策−

フィードバックの重要性 ···························· 92

形成的アセスメントにおけるフィードバック ····· 94

授業の節目でフィードバックする ·················· 96

アクティブ・ラーニングによる学びのまとめ ····· 98

子どもを評価過程に関わらせる ···················· 99

ノート指導を通したフィードバック ··············· 100

チェック・テスト ······································ 103

教員の取り組み ·· 103

第6章 振り返り −他者評価を介した自己評価と学びの向上−

自己評価を介した改善に10分間を ················· 106

学習物に関連付けてまとめる ······················ 107

アクティブ・ラーニングの技法を使う ············· 109

優れた他者評価を介した自己評価を ··············· 111

チェック・テスト ······································ 112

教員の取り組み ·· 113

第7章 深い学びの実践事例

事例１：わずか２コマで深い学びを達成する ········· 115

事例２：リアルな学習課題を実験と絡めて全員達成 ····· 122

事例３：経験から入り，コマ作りを通して深く学ぶ ····· 129

8

第2部　問題対処編

第8章　「失敗は成功の元」の学級風土づくり

学級経営の絵本に学ぶ ……………………………………………… 140

成長マインドセットのアンケート ………………………………… 142

成長マインドセットと固定マインドセット ……………………… 145

間違い OK の学級経営 ……………………………………………… 148

自分の強みや好きなことを生かす ………………………………… 149

カナダの学級経営に学ぶ …………………………………………… 152

成長マインドセットアンケート（小学校中学年・高学年）…… 154

チェック・テスト …………………………………………………… 156

教員の取り組み ……………………………………………………… 157

第9章　学び合って評価する学習形態の導入

多様な学習形態を使い分ける ……………………………………… 159

ペア学習こそ思考・判断の基軸 …………………………………… 161

ペア編成の4類型 …………………………………………………… 162

ペア学習の導入方法 ………………………………………………… 163

小集団学習には慣れが必要 ………………………………………… 166

チェック・テスト …………………………………………………… 170

教員の取り組み ……………………………………………………… 171

第10章　授業の始め方と終わり方のデザイン

導入に失敗すると面白くない授業に ……………………………… 173

新たな単元では子どもの興味や既知と絡める …………………… 174

前時を振り返って，既知を揃える ………………………………… 176

振り返りの甘さが学力低下の一因 ………………………………… 177

授業の最後に各自が振り返って全員達成 ………………………… 178

9

チェック・テスト ……………………………………………… 179

教員の取り組み ……………………………………………… 180

第11章 カリキュラム・マネジメントの取り組み方

カリキュラム・マネジメントの重要性 …………………… 182

教科横断的に資質・能力を育む …………………………… 184

教科横断的に深い学びを育成する学校カリキュラム ……… 185

チーム学校の核になるチーム同僚 ………………………… 188

チェック・テスト ……………………………………………… 190

教員の取り組み ……………………………………………… 191

巻末資料 アクティブ・ラーニング（AL）の技法

技法1：ミステリーバッグ …………………………………… 197

技法2：それホンマ？ ………………………………………… 198

技法3：画像分析 ……………………………………………… 199

技法4：役割演技 ……………………………………………… 200

技法5：イメージマップ ……………………………………… 201

技法6：四隅論拠付け ………………………………………… 202

技法7：考え - ペア - 共有 …………………………………… 203

技法8：ジグソー ……………………………………………… 204

技法9：ランキング …………………………………………… 205

技法10：意思決定 …………………………………………… 206

技法11：学びの一文要約 …………………………………… 207

技法12：ペアでノートチェック …………………………… 208

技法13：3目並べ …………………………………………… 209

各章におけるチェック・テストの解答 …………………… 210

おわりに ……………………………………………………… 212

第1部

基本形理解編

第1章	深い学びの全員達成授業モデル
第2章	教育目標と学習課題づくり
第3章	子どもと一緒に達成ポイントを創る
第4章	深い学びを促す効果的な発問とは
第5章	全体のまとめ－フィードバックと改善策－
第6章	振り返り－他者評価を介した自己評価と学びの向上－
第7章	深い学びの実践事例

第1部　基本形理解編

第1章 深い学びの全員達成授業モデル

　「アクティブ・ラーニングをしても，子どもが何のために学習しているのか，学習したかどうかをどのように判断するのか，ということを自覚しなければ，やらせの学びにすぎないでしょう」

　2015年秋，私は，ある高校の校長先生からこのような話を聞いたとき，「その通り」と即答した。ポイントは，子どもにとって主体的な学びにならないアクティブ・ラーニングは，教師による「やらせ」にすぎないということだ。

　では，「主体的」なアクティブ・ラーニング（AL）とは何だろうか？新しい学習指導要領では，ALは多義的であり，法令用語としては不適切であるので，使わないことになった。しかし，代わって登場したキャッチフレーズ「主体的・対話的で深い学び」でも，主体的という言葉の意味は，はっきりしない。子どもの興味関心を沸き立たせるだけでよいのだろうか。子ども自らが学びと評価のポイントを意識しながら，学んでいくということが主体的であり，学びを創造することではないのだろうか？

● キーワードは全員・深い学び・達成

　新しい学習指導要領の最大の特徴は，「深い学び」です。中央教育審議会（中教審）答申によれば，「深い学び」は，次のように述べられています（中教審，2016，p.50）。

　「習得・活用・探究という学びの過程の中で，各教科等の特質に応じた『見方・考え方』を働かせながら，知識を相互に関連付けてより深く理解したり，

12

第1章　深い学びの全員達成授業モデル

情報を精査して考えを形成したり，問題を見いだして解決策を考えたり，思いや考えを基に創造したりすることに向かう『深い学び』が実現できているか」

ただし，深い学びは，子どもが「学ぶことに興味や関心」をもって主体的に学び，「協働，教職員や地域の人との対話，先哲の考え方を手掛かりに考えること等を通じ，自己の考えを広げ深める『対話的な学び』」（同上）なくして，実現できません。

各教科の見方・考え方は，例えば中学校数学では，「事象を，数量や図形及びそれらの関係などに着目して捉え，論理的，統合的・発展的に考えること」（中教審教育課程部会算数・数学ワーキンググループ，2016，p.2）とされていますが，この説明から授業展開をイメージすることは難しいでしょう。むしろこの説明に記されている「関連付け」「精査する」「問題を見出す」「解決策を考える」「創造する」などの動詞に注目して，深い学びを追究するほうがよいと思います。

数年前，アクティブ・ラーニングが流行していた頃，時間をかけて学習活動をしても，知識や技能などの学力低下をきたしていることが問題になりました。だから，アクティブ・ラーニングという言葉が消えて，一定の知識・技能を前提に成り立つ「深い学び」が脚光を浴びるようになったのです。

要するに，「深い学び」とは，教師が授業で説明したり，教科書に書いてある事柄をテストで書き出したり，暗記した手順を適用するような「浅い学び」ではなく，学んだ知識を相互に関連付けたり，構造化したり，あるいは，新たな問題を発見したり，原理を使って解決して，物事を深く理解するような学びのことなのです。

ところで，どの子どもも深い学びが達成できる前提として，教師の指導だけでなく子どもの学びも評価しなければなりません。しかし，新しい学習指導要領に関連して出版された本の多くは，評価の観点から主体的・対話的で深い学びを捉えていません。このように指導したという実践紹介は多くあり，学習活動や学習形態の一覧表も掲げていますが，その根底の理論的根拠が十分示されていません。どの授業も個性的ですから，関連した理論的説明を踏まえる必要があります。でなければ，個別具体的な実践例を参考にしても，期待したような効果を生み出すことは難しいのです。

13

第1部　基本形理解編

　本章では，教師の指導だけでなく子どもの学びも見据えて，教師が教えたい事柄と子どもが学んだ事柄の間のギャップを確認し，次の授業展開をすることによってどの子どもも，つまり，全員が深い学びを達成できるような授業法を提案します。

● 資質・能力とは何か？

　実は，「主体的・対話的で深い学び」は，子どもの資質・能力を育むために力説されていますので，「資質・能力とは何か」ということから明らかにしましょう。

　松下佳代氏は，中教審の**高大接続答申**（2014）の学力の3要素や中教審教育課程部会「次期学習指導要領に向けたこれまでの審議まとめ」（2016），OECD の教育2030プロジェクトに多大な影響を及ぼしたカリキュラム・リデザイン・センター（CCR）のフレームワークを検討した結果，表1-1のように，知識と能力と資質に分類でき，CCR では，これら3つの資質・能力を包含する第4次元としてメタ学習があると指摘します（松下，2016，p.144）。

表1-1　資質・能力の3＋1次元構造

	知識（knowing）	能力（doing）	資質（being）	
学力の3要素（高大接続答申）	知識・技能	思考力・判断力・表現力等の能力	主体性・多様性・協働性	
資質・能力の3つの柱	知識・技能	思考力・判断力・表現力等の能力	学びに向かう力・人間性等	
4次元の教育（CCR）	知識	スキル	人格	メタ学習

　確かに，新しい学習指導要領でも**「何ができるようになるか」を明確化**して（文部科学省，2017），**知識と能力の結合**を力説しています。そして，関心・意欲・態度の包括概念として，「学びを人生や社会に生かそうとする『学びに向かう力・人間性等』の涵養」を資質として位置付けました。

● 「対話的学び」は古くて新しい学び方

　中教審の答申（2016，p.50）によれば，「対話的学び」に「先哲の考え方を

第1章　深い学びの全員達成授業モデル

手掛かりに考えること」も含めています。つまり，アクティブ・ラーニングで脚光を浴びたような子ども同士の協働的な学びや大人との対話だけでなく，教科書や本や資料を読み込んで考えることも対話的な学びです。

　この対話的学びの特徴付けを，松下氏が整理した国内外の資質・能力の捉え方と比べてみると（松下，2016，p.145），表1-2に示すように，OECDのキー・コンピテンシーの元になった考え方は，対象世界，他者，自己との3つの関係に分けることができます。国際学力テストのPISAテストは，「対象世界との関係」に含まれます。全米研究評議会（NRC）や内閣府の人間力の捉え方も対象世界，他者，自己とのそれぞれに分類できます。繰り返しますが，対話的学びは，アクティブ・ラーニングに限定されないということです。

表1-2　資質・能力の3軸構造

	（カテゴリー1） 対象世界との関係	（カテゴリー2） 他者との関係	（カテゴリー3） 自己との関係
キー・コンピテンシー （Rychen & Salganik, 2003）	道具を相互作用的に用いる	異質な人々からなる集団で関わりあう	自律的に行動する
21世紀型コンピテンス （NRC，2012）	認知的コンピテンス （cognitive）	個人間コンピテンス （interpersonal）	個人内コンピテンス （intrapersonal）
人間力（内閣府，2003）	知的能力的要素	社会・対人関係力的要素	自己制御的要素

● 1コマ勝負の授業を打破する

　我が国の授業研究は，戦後盛んになり，教師の力量形成に役立ってきました。しかし，公開授業の後に開かれた反省会で，「学習指導案では，あれもやりたいこれもやりたいと書いた。授業の前半で予想外に時間を要したので，中途半端に終わったが，本来はこういう流れで進めることを予定していた」とか「今日は，子どもたちの思考・判断の発揮を山場に据えていたが，資料の数が多すぎて，予想外に時間を要した結果，山場が時間不足になった」という言葉がしばしば交わされます。

　予想外の授業展開になったのは，教師の予測する力が不足していたせいだといえば，反省会の参加者のみなさんは納得するかもしれません。授業は生き物ですから，誰でも完全に進み具合を予想できないからです。十分に準備をして

15

第1部　基本形理解編

も，予想外の展開もあって，臨機応変な教師の対応が不可欠になることは珍しくありません。

　しかし，主体的・対話的だけでなく深い学びまで求めて，それを授業の後半に行うとすれば，どの子どもも深い学びまで到達させるには，時間不足となって無理です。だから，新しい小学校や中学校の学習指導要領でも，総則の「第3 教育課程の実施と学習評価」の「1 主体的・対話的で深い学びの実現に向けた授業改善」において，各教科等の指導の際には，「単元や題材など内容や時間のまとまりを見通しながら，児童の主体的・対話的で深い学びの実現に向けた授業改善を行うこと」といっています（下線は筆者）。

　では，どのようにすれば主体的・対話的で深い学びを保障することができ，そこでの学びを学習評価できるのでしょうか。この問題解決の鍵は，「時間のまとまりを見通しながら」という下線部分にあります。

　結論からいえば，この問題は，授業の**山場から逆算**して，そこに至るまでの資料や発問，学習活動や学習課題などを据えていくと，かなり解決できます。その手掛かりになるのが，ウィギンス（Wiggins, G.）の「**逆向き設計論**」です。彼の著書は，アメリカやカナダなどの大学の生協書店で平積みにして販売されていたり，ワークショップでテキストとして使われたりしているのを見たこともあります。我が国では，西岡加名恵氏が逆向き設計論を紹介し，小学校から高校まで様々な校種で精力的に実践を行い，成果を発表しています。『教科と総合学習のカリキュラム設計』(2016) は，その集大成といえるでしょう。

　通常は，目標を明確にし，それに関連して内容を精選し，そこに至る方法を考え，最後に子どもたちの学習結果を評価するという流れで，授業の計画を立てます。しかし，逆向き設計に沿った授業づくりでは，図1-1のように（西岡，2008，p.13)，求められている**結果を思い浮かべた後**，そのような結果を生み出した根拠となる証拠を明確化し，それから，どのように指導するのかという方法を考えるのです。もちろん，「求められている結果」を考える際には，教育目標を見据える必要がありますが，通常は，最後に位置付けられてきた結果を最初に設定して，そこから評価法を考え，方法論を検討するので，「逆向き」に設計すると呼ばれるのです。

　ただし，ウィギンスの逆向き設計論の課題として，肝心のリアルな授業で教

16

第1章　深い学びの全員達成授業モデル

図1-1　逆向き設計のプロセス3段階

師がどうするべきかという**授業方法・技術に対する記述が少ない**ということを挙げることができます。本書では，この課題を解消するために，授業の技術・方法や学習結果のフィードバックの教育的意義を力説しています。

> **Q1-1**　子どもたちに深い学びをさせるためには，本来割り当てられた時間より，時間数増になって，他の学習に充てる時間が不足するのではありませんか？
>
> **A1-1**　「つまずきやすい単元」に絞り込んでこの授業法を適用します。
>
> 　本書で提案しているような授業を常時行う必要はありません。つまずきやすい単元は，学校や地域によって多様ですが，教師個人の経験ではわかりにくいかもしれません。そのような場合，国立教育政策研究所教育課程研究センターの各教科における「特定の課題に関する調査」（http://www.nier.go.jp/kaihatsu/tokuteikadai.html：2018年2月27日所在確認）を読めば，おおよそ掴めるでしょう。「特定の課題に関する調査のパンフレット」（http://www.nier.go.jp/kaihatsu/pamphlet.html：2018年2月27日所在確認）にも詳細な調査結果が示されています。
>
> 　確かに子どもたちに深い学びをさせようとすると，通常割り当てられている時間数では無理です。例えば，ペア学習や小集団学習を導入する場合，それに教師だけでなく子どもたちも慣れていなければ，スムーズに展開できず，予想以上に時間超過になります。では，何時間程度の追加時間が必要かというと，これらのアクティブ・ラーニングの技法に慣れていても，最低1時間は時間増になるかと思います。

第1部　基本形理解編

● 子どもが社会で活躍できる時代を見据える

中教審答申（2016）の第2章「2030年の社会と子供たちの未来」では，「"人工知能の急速な進化が，人間の職業を奪うのではないか""今学校で教えていることは時代が変化したら通用しなくなるのではないか"といった不安の声もあり，それを裏付けるような未来予測」（p.9）も多いと述べています。近未来に人工知能（AI）が人知を超えるか否かについては，肯定的（井上，2016，p.55），否定的（野村，2016，p.15）の両方の予想があります。しかし，人工知能やビッグデータの活用，あらゆるものがネットと繋がる IoT による**第4次産業革命**によって，現在の単純作業の雇用が機械にかなり代替されていくことは間違いないでしょう。また，これから生産年齢人口（15歳から65歳未満）が減り，団塊の世代を中心に年金や医療費などが増え続けると，社会保障給付が破綻する可能性もあります。経済的な生産性を高めるには，人工知能が不可欠といえるのではないでしょうか（井上，2016，p.187）。

もちろん，我が国が国際的な経済競争に勝つという考え方だけでなく，これからの時代を生きる子どもたちに対して，中教審答申（2016，p.10）がいうように，「直面する様々な変化を柔軟に受け止め，感性を豊かに働かせながら，どのような未来を創っていくのか，どのように社会や人生をよりよいものにしていくのかを考え，主体的に学び続けて自らの能力を引き出し，自分なりに試行錯誤したり，多様な他者と協働したりして，新たな価値を生み出していくために必要な力」を身に付ける必要があるでしょう。

このように，新しい学習指導要領が強調する「主体的・対話的で深い学び」を通した「資質・能力の育成」は，子どもたちに関係するだけでなく，すでに社会で働いている私たち自身の近未来の社会保障を保つための手立てにもなっているということです。主体的・対話的で深い学びの必要性は，**他人ごとではありません**。

● 全員達成の鍵は「形成的アセスメント」

深い学びの達成とそれに伴う資質・能力の育成が求められています。しかし，それを確実に確認するための評価方法が導入されないと，学力が低下します。

18

そこで頼れるのが形成的アセスメント（formative assessment）です。

形成的アセスメントは，教師がテストや見取りを通じて子どもの学びを把握して，目標とのズレを縮めようとする**形成的評価とは違って**，「子ども」が教師や他の子どもによる他者評価を受けて，自分の学びの出来・不出来を自己評価し，**新たな学びを方向付け**ていくものです。形成的アセスメントは，総括的評価（summative assessment）とは違って，子どもの成績評価，つまり，評定を下すのではなく，**他者評価を介した自己評価**を学習過程において行う，いわば評価学習法です。だから，形成的アセスメントは，「**学習のための評価（Assessment for Learning：AfL）**」とも呼ばれます。子どもの学びのどれができて，できなかったのかを確認する形成的アセスメントを使わなければ，知識・技能さえ定着が危うくなり，学力低下批判が再び繰り返される可能性さえあります。

形成的アセスメントは，図1-2のように，目標と実際の子どもの学びとのズレを把握し，そのズレを縮めるために教師が授業改善を行ったり，子ども自身が新たな目標を設けて，学びを進めたりするというものです。ここでのポイントは，教師だけでなく**子どもも評価の主体となる**ということです。

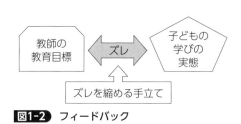

図1-2 フィードバック

我が国の学習塾では，フィードバックを軸にして，テストを繰り返し，学力アップを図ってきたといっても過言ではありません。特に中学校や高校では，受験対応ということもあって，程度の差こそあれ，このような方法が講じられていることは間違いないでしょう。そのことは，海外の教育学者にもつとに知られていて，このような完全習得を目指す学習が日本の教育の強みであるといわれてきました（Guskey, 2010, p.120）。

第1部　基本形理解編

　しかし，今日の教育的要請は，テストで主に評価している知識や技能だけで
なく，思考・判断などの資質・能力の育成をどのようにするのかということで
す。検索エンジンを使えば，インターネットで多くの最新情報を得ることがで
きる時代です。

　形成的アセスメントは，イギリスが1998年に最初に初等中等学校に導入し
ました。そして，当初は，テスト学力の向上に焦点化していたのですが，
2000年代前半から教室で学習していることを中心にして，子どもたちの思考
力を育成することに移ってきました。このことからわかるように，一定の知識
や技能があれば，次に主体的・対話的で深い学びに至る思考・判断を鍛えよう
とするのは，自然な流れです。そこで真価を発揮するのが形成的アセスメント
です。本書では，形成的アセスメントに関する理論だけでなく小学校から大学
までの学校実践に学びながら，**評価に強い実践的な方法論**を論じています。

● 全員達成授業モデル

　主体的・対話的で深い学びは，子どもたちが**1つの学習課題に取り組む最
短2コマの授業で授業化することができます。**学習課題への取り組みに必要
な一定の知識が求められる場合には，3コマ以上を要することもありますが，
生活経験などと絡めたり，一定の知識が定着している場合には，2コマの授業
で済ませることもできます。

　まず，授業開始前においては，図1-3に示すように，教科書や子どもの興
味関心や既知を踏まえて，①**教育目標を設定**します。子どもに深い学びをさせ
るのに相応しい題材を選んでください。小学校では教科書見開き2ページで1
コマの授業を想定していることが多いのですが，それでは**学びのつまずきが生
じる題材**があることも経験的にご存知でしょう。国立教育政策研究所のホーム
ページに掲載された教育課程実施状況調査結果や全国学力・学習状況調査結果
でつまずきやすい点を見つけてもよいです。これらのつまずきやすい題材を取
り上げ，そこでの教育目標を明らかにしてください。

　それから，教育目標を達成するために，②深い学びの動詞を念頭に置いて学
習課題を構想し，④子どもたちに「どのような学びが表現できれば，学習課題
を達成したといえますか？」と発問したと想定して，子どもたちから出てきそ

20

第1章 深い学びの全員達成授業モデル

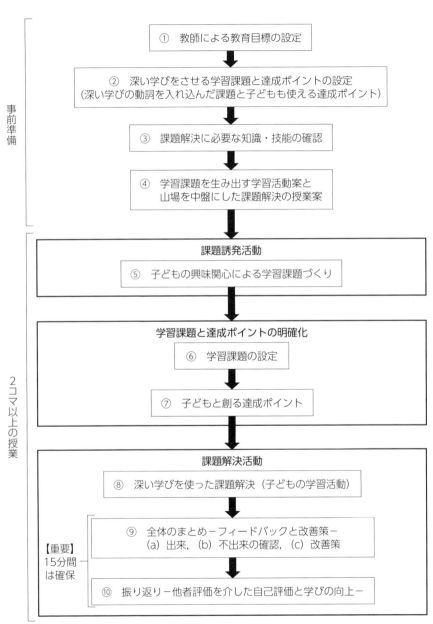

図1-3 1（学習課題）2（コマ以上）3（フィードバック）の深い学びの授業づくり

第1部　基本形理解編

うな達成ポイントをリストアップします。達成ポイントは，子どもが⑧⑨⑩の課題解決活動で自分の学びの成果を振り返って，出来・不出来を自らが確認し，不出来をどのようにできるようにするのかということをその都度評価するための道具です。ですから，達成ポイントは，複数になれば，**簡易ルーブリック**といってもよいのですが，その数が多すぎると，子どもの発達的な制約のために使えないこともあるので，注意しなければなりません。

　そして，③子どもたちが学習課題に取り組むために必要な知識や技能を確認した後，④もしも子どもが知識や技能を十分もっていれば，学習課題に繋がる学習活動案を中心に考え，学習課題に関する知識や技能が不足気味であれば，教師が資料を配布して，発問して子どもを巻き込みながら学習課題に繋がる授業案を考えます。

　深い学びを全員達成するための授業は，【課題誘発活動】と【学習課題と達成ポイントの明確化】と【課題解決活動】の3要素で構成されます。

　【課題誘発活動】は，学習課題に発展するように，子どもの興味関心を沸き立たせたり，学習課題の前提になる知識や技能を子どもの参加型授業で教えながら，学習課題に繋がるような授業です。次に，【学習課題と達成ポイントの明確化】では，教師が学習課題を示した後，子どもに課題達成の様子をイメージさせ，そこでの出来・不出来を評価する達成ポイントを子どもと一緒に創る場面です。それから【課題解決活動】において，課題を解決し，全体のまとめから自己評価による学びの向上に至るように導きます。

　この授業モデルで留意すべき点は，逆向き設計の考え方を使って，授業の山場である「⑧深い学びを使った課題解決」において，子どもにどのような学びの表現をさせるのかということを考えておくことです。例えば，ワークシートに書かせるとか，討論会をするとか，報告書や班新聞に書かせるというように，達成ポイントを念頭に置いて**学びの見える化**をさせてください。

　そして，「⑨全体のまとめ」では，達成ポイントに照らして，学級全体の子どもの学びの出来・不出来を確認し，不出来の改善策を示した後，「⑩振り返り」において，子どもたち一人一人が⑨での学びと評価の仕方を思い浮かべつつ，子ども同士の相互評価や教師評価を介した自己評価を通して，自分の学びの出来と不出来を再確認し，不出来をできるようにする，あるいは，できてい

22

第1章 深い学びの全員達成授業モデル

れば「まだまだ」と思って学びを向上させるための授業計画を立てます。

　このような手立てを講じるので，**学びの山場である⑧の深い学びを使った課題解決は，授業時間の中盤で終え，授業後半の15分間は，⑨と⑩の時間にあてる**ようにしてください。これをやらないと，子どもたちの間に大きな学力差が生まれます。

● 授業モデルの5つの特徴

　教師が授業で重要と思う内容を詳しく丁寧に説明し，子どもがそれを受け身的に学べば深い学びが生まれるのではありません。深い学びは，子ども自身による知識の相互の関連付けや構造化や問題の発見や解決という，能動的な学習活動を通して到達できるものなのです。前節に提案した授業モデルは，そのための方法論ですが，次のような5つの特徴に集約できるでしょう。

　第一の特徴は，**「主体的な学び」の手立て**として，単に子どもの興味関心を沸き立たせるのではなく，学習課題を設定して，どのようになれば課題解決になるのかということを子どもと一緒に思い浮かべて，**達成ポイントを教師と共有**している点です。「逆向き設計」の考え方をさらに発展させて，子ども自身も授業づくりに参画しようとしているのです。

　第二の特徴は，学習課題を設定すれば，「深い学び」ができるという予定調和的な考え方ではなく，**深い学びの動詞を使って学習課題を設定し，課題解決の学習活動を山場**に据えていることです。そこでは，発問・指示によって，子どもたちが論拠を探ったり，意見対立をあおったり，考えを練り合いながら，課題を解決します。

　第三の特徴は，**授業の最後の15分間**において，達成ポイントに照らして学級全体の学びの出来・不出来の確認をして，不出来の改善策を示した後，子どもたち一人一人の学びの出来・不出来を確認し，不出来をできるようにしたり，さらなる学びの向上を目指すようにして，**「深い学びの全員達成」**に導いていることです。

　第四の特徴は，深い学びの山場から学級や自己評価での学びの出来・不出来の確認と改善策まで，様々な「対話的な学び」を組み込んでいることです。教師中心の授業ばかりをやってきて対話的な学びは苦手という先生方に対しては，

23

第1部　基本形理解編

2人1組の**ペア学習の導入から始める**ことをお勧めします。詳しくは，第9章をご覧ください。

　第五の特徴は，教師だけでなく子どもも達成ポイントを自覚しながら，学びを進めていき，自分たちの学びの出来・不出来を確認し，不出来をできるようにする手立てを講じるという**形成的アセスメント**の考え方を随所で取り入れていることです。これは，**教師だけでなく子どもも評価の主体**として捉えるという画期的な提案です。

● 実践例から授業イメージを描くと

　新しい学習指導要領が発表されて以来，主体的・対話的で深い学びに関する本が数多く出版されてきましたが，そこで紹介されているのは単元レベルの授業がほとんどです。

　しかし，今回の学習指導要領では，各教科で教える内容を減らしたり，年間時間数を増やさずに，深い学びを求めているので，学校の先生方にはできるだけ少ない時間で子どもに深い学びをさせる授業法に関心が向けられるのではないでしょうか。

　この授業モデルを使えば，2コマ程度の授業でも深い学びを全員達成させることができます。本書で提案している授業モデルに基づく授業を具体的にイメージしていただくために，小学3年算数「あまりのわけを考えよう」の授業について，表1-3のように整理してみました。

　この授業モデルは，1つの学習課題（テーマ）を最低2コマの授業で取り組み，図1-3の⑨の子どもに（a）学びの出来，（b）不出来の確認をさせて，（c）改善策を講じて不出来をできるようにさせるという3つのフィードバックを課するという意味で，「1・2・3の授業」といってもよいでしょう。この授業の進め方に従っているかどうかを確かめるために，図1-4のチェックリストも用意しました。□に有無をチェックして，さらに付け足したい言葉があれば，（　　）内に記入して，活用してください。

● 授業のデザインとは何か？

　「授業は生き物である」といわれます。同じ発問をしても，学級が違えば，

24

第1章 深い学びの全員達成授業モデル

表1-3 全員達成授業モデルの各段階のねらい・留意点

段階	ねらい・留意点など
1. 課題誘発活動 （導入）	・子どもを動機付け，学習課題につなげる。 ・学習課題につなげる発問を投げかける。
2. 学習課題の設定	・子どもが何をすればよいかイメージできる表現にする。 ・「関連付け」や「抽象深化」など，深い学びを特徴づける動詞を組み込むとよい。 　例）「問題によって，あまりをどうすればよいかを考えよう」
3. 達成ポイントの設定	・どのようになれば，この学習課題ができたといえるかを言語化する。 ・達成ポイントは（教師が事前に想定はするものの）子どもとやりとりしながら一緒につくる。
4. 課題解決	・問題解決，討論，探究など，深い学びを促す学習活動を導入する。 ・このあとの「フィードバック」や「自己評価」の時間を保障するため，この活動は（できれば2コマ目に設定した）課題解決の授業の中盤までに済ませる。
5. フィードバックと改善策（全体のまとめ）	・発表，表現などにより，学習成果を見える化する。 ・教師は，達成ポイントに照らして子どもの学びの成果の出来・不出来を確認し，不出来の場合の改善策を示す。
6. 自己評価から学びの向上へ（振り返り）	・達成ポイントに照らした教師や相互の評価で，相手の子どもの出来・不出来を評価し，改善点があれば指摘する。 ・相互評価を参考に各自で自分の学びの出来・不出来を確認し，「まだまだ」と思って学びの向上を図る。

　子どもの反応は違います。同じ学級でも，例えば，体育の時間の前と後の授業では，子どもの反応も違います。子ども同士でもめ事があったり，逆にみんなが喜ぶようなよい知らせが届いたときには，その後の授業の様相も変わってきます。もちろん教師の一言から授業中の子どもの対応が変わってくることもあります。事前に計画（plan）していた通りには，授業は展開しないということは，教師の間では常識になっているのではないでしょうか。

　そのような問題意識から生まれてきたのが授業のデザインという考え方です。授業のデザインは，授業の成否にかかわる要素をすべて予想するのは難しいという「授業の複雑性」の現実を踏まえています。もちろん，授業を計画する際に守るべき事柄は，いくつかあります。学習指導要領やそれに準拠した教科書を踏まえたり，学校の教育目標や学年の方針も無視できません。発達障害や外

25

第1部　基本形理解編

1（学習課題）・2（コマ）・3（フィードバック）の授業チェックリスト

年　　　月　　　日

今回の授業について，該当すれば下欄に ☑ して，必要に応じて，右の括弧内に補足説明をしてください。

学年：題材 [　　　学年：　　　　　　　　　　　　　　　] 氏名

学習課題の設定と達成ポイントの共有化：課題誘発のための学習活動や授業をしよう！

【A：学習課題に導く課題誘発活動を導入したり，資料や発問による教師主導授業を行おう】
① □興味中心の学習活動あるいは教師が用意した資料や発問が学習課題と合っているのか？
（　　）
② □課題誘発活動は，その時間内に子どもが取り組める（解決できる）のか？（　　　　　　　）
③ □課題誘発活動の難易度は，子どもにとって適切か？　（　　　　　　　　　　　　　　　　）
④ □課題誘発活動による子どもの学びの表現は，子どもにとってわかりやすいか？　（　　　　　）

【B：子ども中心の課題誘発活動や教師主導の発問・指示を工夫しよう】
⑤ □学習動機づけのための「10の教材のしかけ」のうち使っているしかけや工夫点を挙げると？
（　　）
⑥ □「しかけ」に関して適切な発問や指示は？　（　　　　　　　　　　　　　　　　　　　　）
⑦ □課題誘発活動のどこが面白いとかもっと知りたい，確かめたいようになっているか？（　　　）

【C：学習課題を定めよう】
⑧ □教科書や国研の評価規準（http://www.nier.go.jp/kaihatsu/houkoku/styuugaku.htm）のどこを参照しているか？
（　　）
⑨ □子どものどのような実態やニーズに合っているか？（　　　　　　　　　　　　　　　　　）
⑩ □どのような深い学びの動詞を埋め込んだ学習課題を設定しているか？（　　　　　　　　　　）

【D：「どのようになれば，うまく学べたのか」をイメージして達成ポイントを創って，学級で共有しよう】
⑪ □子どもが思考・判断をして，表現し合う山場を具体的に述べると（　　　　　　　　　　　）
⑫ □山場で何ができれば，学びがうまくいったのかということを子どもにわかる言葉で表現すると
（　　）

深い学びの展開と全員達成：深い学びは中盤で終わり，出来・不出来の確認から，フィードバックで全員達成を！

【E：学習課題と達成ポイントを確認しよう】
① □今日の学習課題とそれに取り組んで，どのようになれば達成したといえるかという達成ポイントを確認すると？
（　　）

【F：深い学びに導く子ども中心の課題解決活動】
② □山場に向けて時間内に子どもが取り組める課題解決活動を仕組んでいるか？（　　　　　　　）
③ □思考を練り合わした課題解決活動のために，どんな発問や指示を工夫（簡潔さ，わかりやすさ，速さや抑揚，子どもの言葉）
しているか？（　　　　　　　　　　　　　　　　　　　　　　　　　　　　　　　　　　）
④ □課題解決活動で子どものどのような正誤の反応を予想し，対応を考えているか？（　　　　　）
⑤ □解決できない場合を想定して，どのような補助発問や対処法を用意しているか？（　　　　　）
⑥ □補助発問や他の対処法について，子どもの正誤の反応を予想して，具体的な対応も考えているか？
（　　）
⑦ □子どもの思考を関連付けて，類似点や相違点，パターン，結論などを浮かび上がらせているか？
（　　）

【G：学級全体のまとめ：フィードバックと改善策】
⑧ □達成ポイントに照らしつつ，子どもの発言や学習物と関連付けて，学びの出来・不出来を明らかにしたか？
（　　）
⑨ □学びの不出来や不十分なものについて訂正したり，改善させたりしたか？（　　　　　　　　）

【H：自己評価から学びの向上へ：出来・不出来の確認→不出来の克服策】
⑩ □子ども各自は，達成ポイントを使った相互評価を介して，自分の学びの出来・不出来を確認したか？
（　　）
⑪ □子ども各自は，自分の学びの不出来をできるようにしたか，またはその見通しを立てたか？
（　　）

図1-4　1（学習課題）・2（コマ）・3（フィードバック）の授業チェックリスト

第1章　深い学びの全員達成授業モデル

国文化を背負った子どもなどが学級にいれば，それらの点も考慮しなければなりません。だから，計画（plan）も必要なのですが，それだけでは授業はうまくいかないのです。

　藤江康彦氏は，授業のデザインの際に（1）テーマを設定する，（2）コミュニケーションを組織する，（3）認識を共有する，ことが重要であると指摘しています（藤江，2015）。本書の授業モデルでいえば，（1）は学習課題，（2）は深い学びを使った課題解決，（3）は学びのまとめ，ということに対応しています。確かに，（1）（2）（3）のいずれの場面でも，教師が事前には予想もできなかったところで子どもがつまずいて時間を要したり，逆に簡単にわかってしまったりすることがあって，その都度，軌道修正をして，授業を進めていかざるを得ません。そのような場面は，特に複雑な思考や判断をしなければならない深い学びの授業で頻繁に起こります。だから，本書の授業モデルに関する説明では，単にマニュアル化したような論述をしていません。

　また，和歌山大学教育学部附属小学校は，秋田喜代美氏の協力を受けて，「学ぶ筋道を考えて課題解決に向かう」学びをデザインする子どもを育てる授業実践を行っています（秋田ほか，2017，p.25）。本書の授業モデルも，子どもに焦点を当てるという同様の問題意識をもっていますが，子どもに達成ポイントを活用させて，優れた他者評価を介した自己評価まで求めるという点が違います。評価を強調すれば，子どもは委縮してしまうという危惧もあるかもしれませんが，本書で強調しているのは，学びの途上で絶えず形成的にアセスメントをして不出来をできるようにするという授業方法の提案なのです。

● 授業モデルの基盤にあるのは？

　授業デザインの考え方に立てば，前述の授業モデルの通りに進めても，必ずしもうまくいかない場合があるということはおわかりでしょう。授業は，学校や学級の多様な子どもの状況や教師自身の力量に応じて目標達成を図ろうとするデザインとして捉えると，そのようなことがあっても不思議ではありません。

　私たちの学校の先生方との協働研究を踏まえていえば，その原因は，①**成長マインドセット**（第8章参照）と称する間違いや失敗を恐れない学級風土がなかったり，子どもたちが②**ペアや小集団で学び合い**をする（第9章参照）

27

第1部　基本形理解編

学習形態に慣れていなかったりするから失敗したということが考えられます。中学校や高校の教師は，小集団学習を取り入れた経験がない方も多いように思いますが，その場合には，隣の席の生徒同士で学び合いをするペア学習から始めることをお勧めします。本書では，これらの問題解決の手立てを第2部「問題対処編」にそれぞれ章を立てて，説明しています。

　この授業モデルは，過去の研究成果に学びつつ，協働研究者である学校の先生方と一緒に確かめてきた方法・技術に学んで構築したものです。評価を教師が授業改善に役立てるという考え方は，30年以上前からありました。しかし，この授業モデルの新しさは，子どもたちが達成ポイントを意識して，自らの学びの向上にも役立てることができるという発想です。思考・判断・表現の学びでは，これまでルーブリックが提唱されてきましたが，使い勝手が悪くて，なかなか定着しませんでした。私たちは，その問題解決の方途として，**達成ポイントの導入によって，資質・能力の育成の方法・技術として使うことができる**ようにしたということです。

Q1-2 1つのテーマを2コマの授業でやると，時間が余りませんか？

A1-2 「主体的・対話的で深い学び」を促すために子どもにアクティブ・ラーニングをさせれば，時間は余りません。

　新しい学習指導要領で強調された「深い学び」のみに目が向いて，主体的学びや対話的な学びを抜きに，教師が知識や概念を詳しく説明すればよいと思うかもしれません。しかしそれは，教師による「深い指導」であって，子どもによる「深い学び」ではありません。深い指導では，子どもは受け身の学びになって，21世紀において人工知能が隆盛となる第4次産業革命の時代を生き抜く力を養うことはできません。

　学びとは，教師が教えた内容ではなく，子どもが学んだ事柄です。そのために，教師は，一定程度の知識を子どもに授ける必要がありますから，先哲に学ぶということを否定しません。ただし，先哲の業績を教えるのではなく，対話的に学ぶことを強調していることにも考えを及ぼしてください。

　子どもによる主体的な学びに繋げようと思って，教師が子どもの興味関心を促すことも必要です。ただし，子ども自身が学習課題の達成について描き出したイ

28

メージを使って，達成ポイントを設定し，それに沿って学びを進め，評価しなければなりません。深い学びの実現のためには，このように教師中心の指導から子ども中心の学びへの授業観の転換が求められているのです。とすれば，「1コマの授業を2コマに分割して時間が余る」ということは決してありません。

第1章のチェック・テスト

問い 本章の内容を理解しているかどうかをチェックするための小テストです。次の空欄に適切な用語を入れてください。正解は，本書の最後に載せています。間違った場合には，本章の該当箇所を読み直して，あなたの理解を深めてください。

　新しい学習指導要領は，アクティブ・ラーニングが多義的で，法令には使えないので，（　①　）・（　②　）で（　③　）学びという表現が使われました。そこでは，学習の（　④　）が重視されており，中核には（　⑤　）・能力が据えられ，教科横断的に育むことが期待されています。

　そして，（　①　）学びのためには，子どもが内的能動的に学ぶようになる必要があります。教師にとっては，今回の学習指導要領に沿って考えると，「単元や題材など内容や時間のまとまりを見通し」ていく必要があり，そのためには，結果を明確化して，学習の証拠を決めて授業展開を検討する（　⑥　）アプローチを取らなければなりません。

　では，どのような授業づくりをするのかというと，第一に，（　①　）に学ぶために，学習課題に関連して（　⑦　）を子どもと一緒に創る必要があります。第二に，（　②　）学びのために，教科書や本や資料を読むだけでなく，2人1組の（　⑧　）学習や小集団学習に代表されるような学び合いの学習形態を採用する必要があります。そして，（　③　）学びに導くためには，関係的や抽象的な内容研究をして，それに繋がる学習課題を設定しなければなりませんが，授業の方法で大切なのは，教師の設定した目標と子どもの現実の学びの間のズレを見極め，ズレを縮小させるために改善策を講じるという（　⑨　）を駆使できるかどうかということです。

このような授業展開をするためには，1つの学習課題を2コマ以上にわたって追究する授業が必要であり，そのための力量形成は，教師が単に本を読んで育成されるものではありません。教師自身もアクティブに学びながら，教師力をアップしていくしかないのです。

教員の取り組み

授業者

1．第1章で取り上げたキーワードは，次の通りです。

> 主体的学び，対話的学び，深い学び，成長マインドセット，資質・能力，2030年，人工知能，形成的アセスメント，フィードバック，達成ポイント，学習課題，ペア学習・評価

　これらのキーワードを組み合わせて，できるだけ内容豊かな文章を作ってください。それによって，あなたがわかったかどうかということをチェックすることができます。

2．よくわからない用語があれば，本章の関連箇所を読み直してください。
3．それでもわからなければ，インターネットで検索して，調べてください。
4．下の詩は，『教室はまちがうところだ』という絵本の一部（蒔田，2004, p.26）です。形成的アセスメントは，どの箇所に現れていますか。本章末に解答を示しています。

> まちがったってだれかがよ
> なおしてくれるし，教えてくれる。
> 困ったときには先生が
> ない知恵をしぼって教えるで
> そんな教室　作ろうや

5．上の詩で最後に「そんな教室　作ろうや」と子どもに呼びかけていますが，教師は，そのためにどのような手立てを講じるべきでしょうか？
　「間違っても大丈夫，大丈夫」と繰り返し言っても，そのような学級にな

第1章　深い学びの全員達成授業モデル

るわけではありません。

チーム同僚

1．第1章で取り上げたキーワードは，次の通りです。

> 主体的学び，対話的学び，深い学び，成長マインドセット，資質・能力，2030年，人工知能，形成的アセスメント，フィードバック，達成ポイント，学習課題，ペア学習・評価

　あなたと同僚教師がこれらのキーワードを組み合わせて，できるだけ内容豊かな文章を1人1つずつ作ってください。

2．互いに書いた文章を相手に渡して，内容について批評し合ってください。そこから，本章についての理解度の十分なところと不十分なところがわかるはずです。不十分な場合には，本章を再度読み直して，理解を深めてください。

3．よくわからない用語があれば，本章の関連箇所を読み直してください。

　第1章のチェック・テストで空所穴埋めが難しい場合には，次の用語を提示して，選択式テストに代えてください。

> 対話的，ピア，質，逆向き設計，資質，達成ポイント，フィードバック，深い，主体的

●引用文献

秋田喜代美・和歌山大学教育学部附属小学校（2017）『学びをデザインする子どもたち－子どもが主体的に学び続ける授業－』東洋館出版社。

井上智洋（2016）『人工知能と経済の未来－2030年雇用大崩壊』文藝春秋。

Guskey, T.R. (2010) Formative Assessment, *in Handbook of Formative Assessment*, edited by Andrade, H.L and Cizek, G.J. Routledge.

クラーク，S.（訳：安藤輝次）（2016）『アクティブラーニングのための学習評価法－形成的アセスメントの実践的方法－』関西大学出版部。

中央教育審議会教育課程部会算数・数学ワーキンググループ（2016）「算数・数学ワ

第1部　基本形理解編

ーキンググループにおける審議の取りまとめ」文部科学省。

中央教育審議会（2016）「幼稚園，小学校，中学校，高等学校及び特別支援学校の学習指導要領等の改善及び必要な方策等について（答申）」文部科学省。

中央教育審議会（2014）「新しい時代にふさわしい高大接続の実現に向けた高等学校教育，大学教育，大学入学者選抜の一体的改革について（答申）」文部科学省。

西岡加名恵編著（2008）『「逆向き設計」で確かな学力を保障する』明治図書出版。

野村直之（2016）『人工知能が変える仕事の未来』日本経済新聞出版社。

藤江康彦（2015）「授業をつくる」，秋田喜代美・佐藤学編著『新しい時代の教職入門改訂版』有斐閣。

西岡加名恵（2016）『教科と総合学習のカリキュラム設計』図書文化。

松下佳代（2016）「資質・能力の新たな枠組み－『3・3・1モデル』の提案」京都大学高等教育研究第22号。

蒔田晋治（絵：長谷川知子）（2004）『教室はまちがうところだ』子どもの未来社。

文部科学省（2017）「幼稚園教育要領，小・中学校学習指導要領等の改訂のポイント」。

文部科学省（2017）『小学校学習指導要領』。

文部科学省（2017）『中学校学習指導要領』。

第2章　教育目標と学習課題づくり

第2章
教育目標と学習課題づくり

　小学5年社会の「自動車工場」の単元で，B先生は，授業の冒頭にお
いて「自動車をたくさん生産できるようになると，自動車が売れる理由
を探ろう」と書いた模造紙を黒板に貼った。それから，この学習課題に
ついて子どもに予想を書かせたり，まとめさせたりしようと思って用意
したワークシートを配った。

　しかし，学習課題が明確になっていなかったからだろうか，子どもか
らほとんど反応がない。「たくさん生産→自動車が売れる」という1つの
視点からしか見ていないから，うまく答えられないのかもしれない。子
どもにとって，「自動車が売れる→たくさん生産」という「逆転の発想」
で発問の答を考えるのは難しそうである。学習課題の説明は短いほうが
よかったのかもしれない。でも，十分に説明しないとうまく伝わらない
ように思った。ともかく学習課題が子どもにとってわかりにくかったこ
とだけは確かである。

● 教育目標と学習課題はここが違う

　B先生が学習課題を書いた模造紙を黒板に貼って，授業を始めました。教師
が「今日は教科書の○○ページから始めましょう。みなさん開いて……」と言
うより，模造紙に学習課題を書いて貼るのは，教科書通りに進めるのではなく，
教師なりに学習課題を設定して，授業をしようと考えているので，教師の授業
に対する意欲は感じられます。

　ところで，この学習課題を支えている教育目標は何でしょうか。教科書研究
をして教育目標を考えることもできますが，必ずしも教科書に教育目標が明確

33

第1部　基本形理解編

に書かれているわけではありません。教育目標は明示していないものの，単元の最初に学習課題を設定している教科書はあります。小学校の教科書では，見開き2ページで1コマ（45分間）の授業ができるようにしていることが多いのですが，1コマごとに学習課題を示していることもあります。

　自動車工業で押さえるべき内容は，新しい学習指導要領の小学5年社会の「2　内容」の（3）の（イ）「工業生産に関わる人々は，消費者の需要や社会の変化に対応し，優れた製品を生産するよう様々な工夫や努力をして，工業生産を支えていることを理解すること」に当たります。要するに，我が国の自動車工業は，基幹産業として高度な生産設備を施して，工程を単純化・合理化する**「大量生産」**によってコストを下げ，質的な改善に取り組んで国民生活を支えると同時に国外にも輸出している，ということが教育目標になるのではないでしょうか。消費者のニーズに沿って，より少ない労力で多くの生産を行って生産性を向上させることが大量生産という概念の押えどころですから，上の学習課題では，「消費者の求めに応じて，自動車会社はどのような苦労・工夫をしているのでしょうか」とすべきでした。でも，これだけでは，深い学びに繋がる学習課題になりません。

　学習課題は，1コマや複数のコマの授業を進めていくために，**子どもたちが取り組むための課題**です。それに対して，**教育目標**は，教師が○○のために**子どもを学ばせたいという願いを記したもの**であって，学習指導案に記すことはあっても，必ずしも子どもに示す必要はありません。そして，教育目標は，あまり特定の内容に縛られると，他の単元や題材でも適用して，学びの転移に生かすことも難しくなりますので，やや一般的に描き出すというのがコツです。

● 学習の質から教育目標を捉える

　新しい学習指導要領では，**深い学びが大きな柱**になっていますが，どうすれば深い学びを達成するための授業がつくれるのかということがどこにも書かれていません。

　まず，深い学びという言葉の出所を探っていくと，深い学びというのは，欧米の大学教育の専門家が大学授業改革の中で生みだした考え方です。それが初等学校や中等学校でも適用された後，我が国の小中高の今回の学習指導要領の

改訂過程で重視され，取り入れられたのです。

　例えば，イギリスの小学校向け教員研修では，メルボルン大学のビッグス（Biggs, J.）が提案している浅い学びと深い学びの区別を目標設定に役立てています（Clarke, 2017）。図2-1に示す**「単一指導的」**と**「複数指導的」**というのは，知識や技能の正誤が明確であり，**ペーパーテストで点数化できる量的側面**であって，教師中心で説明的な授業スタイルになる傾向があります（Biggs and Tang, 2011, p.94）。他方，**「関係的」**と**「抽象度の拡大」**は，その上に例示した動詞からわかるように，長文の論述や報告書やプレゼンテーションなど**質的側面に重点を置くような「深い学び」**になるものです。このような質的側面の学びの評価は，ペーパーテストでは無理で，後述するような達成ポイントに頼らざるを得ません。

　例えば，学びの量的・質的側面について，中学2年社会（歴史的分野）の「現代の世界と日本」で四日市公害を取り上げた例によって説明しましょう。まず，新しい学習指導要領では，次のような説明がなされています（下線は筆者）。

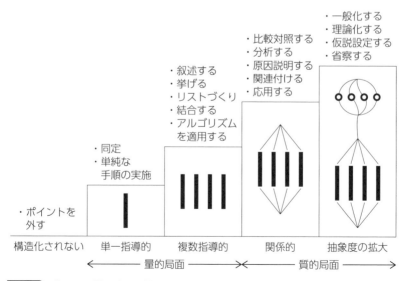

図2-1　意図した学習結果で使う動詞の階層構造

第1部　基本形理解編

C　近現代の日本と世界（2）現代の日本と世界

ア　次のような知識を身に付けること。
　（イ）日本の経済の発展とグローバル化する世界
　　　高度経済成長，国際社会との関わり，冷戦の終結などを基に，我が
　　国の経済や科学技術の発展によって国民の生活が向上し，国際社会
　　において我が国の役割が大きくなってきたことを理解すること。

イ　次のような思考力，判断力，表現力等を身に付けること。
　（ア）諸改革の展開と国際社会の変化，政治の展開と国民生活の変化な
　　どに着目して，事象を相互に関連付けるなどして，アの（ア）及び
　　（イ）について現代の社会の変化の様子を多面的・多角的に考察し，
　　表現すること。

　要するに，「四日市公害」の題材は，我が国における高度経済成長の中でア
の（イ）「生活の向上」の裏にある1つのひずみであって，イの（ア）の「現代
の社会の変化の様子を多面的・多角的に考察」する必要があります。
　では，教育目標は，どのように設定すべきでしょうか。表2-1のように四
日市公害に焦点化した深い理解の記述にすると，他の公害の理解のために転移
させにくくなります。それで，「高度経済成長期のひずみとして公害を説明す
る」という一般的な内容を確認して，その内容を水俣病やイタイイタイ病など
の学習にも転移させればよいのです。

表2-1　深い学びと浅い学びの例示

理解度	指導／学習類型	理解度からみた内容
用語理解	構造化されない	「四日市ぜんそく」って何？
浅い理解 量的側面	単一方向の指導	四日市公害について説明できる。
	複数方向の指導	高度経済成長の1つのひずみとして四日市公害について説明できる。
深い理解 質的側面	関連付けの学習	高度経済成長期の1つのひずみとして四日市公害を現代の中国と比較して説明できる。
	抽象深化の学習	高度経済成長期の陰として四日市公害を現代の中国と比較してその類似性と相違性を明らかにし，他者を納得させることができる。

第2章　教育目標と学習課題づくり

　このように他の単元や題材でも関連付けられそうな教育目標の設定をして，取扱いに軽重を付けます。教育目標を明らかにするためには，教科書や関連した本を参照して「何を教えるべきか」という**教育内容研究**をしなければなりません。

　例えば，四日市の大気汚染と北京の大気汚染を比べると，教育内容研究の結果，次のような教育目標になるでしょう。

　（a）四日市と北京の大気汚染の類似性としては，どちらも重化学工業を重視して，振興した結果，大気汚染の問題が深刻化した。

　（b）どちらも大気汚染の発生源ごとに汚染物質の排出量を制限する総量規制を課している。

　（c）相違点としては，中国が社会主義国であり我が国は資本主義国である。

　（d）我が国では大気汚染解消の技術はあるが，中国にはまだ不十分である。

　ただし，この**教育目標は**，教師がわかっていればよいのであって，学習課題を示す時点では**子どもたちに示す必要はありません**。子どもたちは，学習課題に沿って学んだ後に，このような日本と中国における大気汚染の類似性と相違性を見出すことになるのです。

　教育目標については，例えば，小学国語の「経験したことを報告しよう」ということは，光村図書出版の教科書では，1学年でも2学年でも設けられており，「経験」を「調べる」に言い換えれば，3学年から5学年でも単元設定されています。このような書き方の**学年別配列**を念頭に置いて，あまり内容に関連付けないで，一般的な目標の記述をしておくと，他の学年でも**教育目標を転移**させることが容易になります。

　ただし，理科や社会科のように内容に関わる教科では，内容に縛られた設定になりがちです。では，どのように転移を図ろうとするのかというと，図2-1に示したように（Biggs and Tang, 2011, p.91），「見てわかる学習結果の構造（Structure of the Observed Leaning Outcome：略称 SOLO）」で取り上げている「関連付けの学習」や「抽象深化の学習」を特徴付けている**「動詞」を学習課題や主要発問に組み込む**ことです。当然，この方法は，前述の国語や他の教科でも使うことができます。

　もちろん教育目標の設定の際には，学校目標を念頭に入れなければなりませ

第1部　基本形理解編

ん。それは，例えば，都会の学校と山村の学校で違います。20人の学級と40
人の学級でも異なるでしょう。このように，学校とそれを取り巻く環境によっ
て異なる学校目標になるのは当然です。あなたが担任したり，担当する学級の
子どもの実態把握をして，教育目標を設定する必要があります。当然，子ども
の発達段階も踏まえなければなりません。

　あなたの学級に発達障害や不登校気味の子どもや海外から帰国した子どもや
外国人の子どもなどがいる場合には，専門知識をもつ教員の助言を仰いで個別
の教育計画を立てなければなりません。要するに，表2-2に記したような項
目をチェックしながら，教育目標づくりをする必要があるということです。

表2-2　教育目標のチェックリスト

教育目標の要件	✓	改善案
何を学習するのかを明確にする		
単元と一つ一つの授業を関連付ける		
他の単元や学年とその単元を貫く考え方を見出す		
知識と技能を段階的に形成する方法を見出す		
地域や学校・学級の実態に応じている		

◉ 呼びかけか発問の形で学習課題を設定する

　学習課題は，教師が教育目標を念頭に置きながら，子どもたちが学びを進め
ていくための課題です。もちろん学習課題には，子どもにとっての意外性や必
要性，生活経験との関連性，不思議さや多少の困難性などがあったほうが，子
どもの学びへの動機付けが高まります。学習課題には「～しよう」というよう
に，子どもに対する「呼びかけ風」のものと「○○はどのようになっているの
だろうか？」というように主要発問の形で問いかけるものの2つがあります。

　例えば，前節で紹介した経済成長と公害の関連を取り扱った「四日市公害」
の題材に学習課題の具体例を示しましょう。四日市公害は，現代にも通じる課
題であり，子どもに現実感をもって捉えさせたいという問題意識に立って，
「中国の現状と比べて，高度経済成長期における四日市の公害とは何かを明ら
かにしよう」という学習課題の設定をしました。「……をしよう」のような呼
びかけ風の学習課題にすると，子ども目線から見ていて，身近に感じるかもし
れません。あるいは，「高度経済成長期における四日市の公害は，中国の現代

38

第2章　教育目標と学習課題づくり

の公害と比べて，何がわかるだろうか？」という主要発問にして投げかけても
よいのです。

● 深い学びの動詞を入れ込んだ学習課題

　呼びかけあるいは発問のいずれの形の学習課題にしても，教師が子どもに期
待している事柄を学習課題に記すのではなく，子どもにとって「不思議だな
あ！」とか「どうしてかな？」あるいは「これをやりたい」と思うような学習
課題にしなければなりません。その際に，図2-1の階層構造を動詞の観点か
ら詳述した表2-3（Biggs and Tang, 2011, p.123）を参照して深い学びの動
詞を使ってください。なお，四日市公害の実践例では，関係的学習の「比較」
「対比」の動詞を使っています。

　教師は，教育目標を念頭に入れつつ，子どもと話したり，観察したりするこ
とによって，子どもたちの興味関心や既習事項を確認し，また地域や家庭の状
況に関する情報収集を通して学習課題を描き出します。重工業政策を取って高
度経済成長に邁進する北京では，冬場に大気汚染が深刻になっているというニ
ュースが，マスコミでも盛んに報じられているので，子どもたちも興味関心が

表2-3　浅い学びと深い学びの動詞の違い

浅い学び (教師中心)	単一方向の指導	記憶する，同定する，認知する，数える，定義する，描く，見つける，ラベリングする，マッチングする，名付ける，引用する，想起する，暗唱する，順序付ける，話す，書く，真似る
	複数方向の指導	分類する，叙述する，リストアップする，報告する，話し合う，例証する，選択する，語る，計算する，配列する，略述する，分離する
深い学び (子ども中心)	関係付けの学習	応用する，統合する，分析する，説明する，予想する，結論付ける，要約する，批評する，論じる，転移する，計画する，特徴づける，比較する，対比する，差別化する，組織する，ディベートする，ケースを述べる，構成する，書き直す，吟味する，翻案する，言い換える，問題解決する
	抽象深化の学習	理論化する，仮説設定する，一般化する，省察する，生成する，創造する，構成する，発明する，オリジナルを作る，最初の原理から証明する，オリジナルな事例を作る，最初の原理から解決する

39

第1部　基本形理解編

あるでしょう。これを1960年代の我が国の四日市公害と関連付けて，比較対照をするという学習課題は，表2-1に示すような深い学びに繋がるはずです。

　小学4年社会の単元「ごみ学習」で学習課題「自分たちでゴミ問題を解決できることを考えよう」という学習課題を設定した実践もあります。これは，表2-3の「抽象深化の学習」の「オリジナルを作る」動詞に当たります。

● 深い学びの動詞＋「結果の見える化」

　学習課題は，教科書などでは疑問形で示されることが多いようです。それで，教員研修会において「学習課題を疑問形で考えてください」とお願いしたところ，次のような学習課題が示されることがあります。

　（1）「△はなぜなのか？」

　（2）「□を違う立場からみればどのようか？」

　（3）「◇と▽との関係はどうなっているのだろうか？」

　このような学習課題は，子どもの思考を働かせる主要発問とほとんど変わりません。学習課題の（1）は，思考を絞り込んで本質を明らかにし，（2）は，思考を広げて，（3）は，関連付けており，発問とほとんど変わらない機能を果たします。確かに，これらの学習課題は，子どもたちに何らかの思考をしたり，判断を下すことを迫っています。

　しかし，学習課題に深い学びの動詞を入れ込み，さらに前述の「四日市公害」のように呼びかけ風の学習課題にすると，子どもの学習活動のあり方がいっそうはっきりしてきます。

　例えば，（1）は，「△の理由を説明しよう」や「なぜ△なのかを予想しよう」として，関係付けの動詞入れたり，「△の理由を証明しよう」という抽象深化の動詞を入れたりすると，深い学びを明確化できます。（2）は，「□を違う立場からみて」に続けて「対比しよう」とか「書き直そう」とすれば，関連付けの学習になります。（3）も「◇と▽との関係を」に「説明しよう」「予想しよう」「要約しよう」「言い換えよう」などを繋げば，関係付けの学習に，「仮説を立てよう」「一般化しよう」と続ければ，抽象深化の学習になります。

　さらに課題解決のために学習活動した後，学んだ事柄をどのように発表するのかという方法も学習課題に入れ込んでおくと，学びを見える化できて，学級

40

第2章　教育目標と学習課題づくり

全体の子どもの出来・不出来が明らかになり，学びの共有にも役立ちます。例えば，（1）は「△の理由を○個以上あげて説明しよう」とか（2）は「□を対比的にみて，その違いをわかってもらおう」，（3）は「◇と▽との関係を図解も添えて報告しよう」という学習課題にすると，発表の道筋も発表相手も明確になります。

　学習課題の中には「▲を調べよう」とか「■は必要だろうか」というものも目にしますが，そのような課題設定では，文字通り子どもたちが調べて終わりで，そこでの学びが良かったのか悪かったのか判断できません。欧米では，学びの結果から逆向きに見据えて学習課題を作ったものを「評価課題」といいます。深い学びの動詞だけでなく学びの結果の見える化も込めた学習課題を設定すると，第3章で取り上げる達成ポイントを子どもと一緒に創ることも比較的簡単になります。

　ところで，第10章で述べるように，子どもたちにアクティブ・ラーニングの1から3までの技法（巻末資料参照）などを使って，子どものこれまでの学習の理解度や興味関心をチェックしたり，特に中学校や高校では，小テストで子どもの知識や技能の出来・不出来を確認して，不出来であった点を教師が補正したり，補足説明した後，学習課題を設定すると，うまく学習課題に取り組ませることができます。あるいは，前時の授業の最後に図2-2のような**出口カード**を子どもに書かせて，出来・不出来を把握して，次時の学習課題づくりに役立てることもよいでしょう。

　教師が一方的に学習課題を提示するのではなく，子どもの興味関心や既習事項などのレディネスを把握しながら，教師の意図を外さない程度で学習課題を

年　　　組	**出口カード**	（　月　　日）	氏名			

学習課題：

　今日学んだことは／今日改善したことは：

　そこに至る歩みのいくつかは：

　学習課題を達成するための証拠は：

　さらに学ぶ必要のあることは：

図2-2　出口カード

修正加筆することがあってもよいのです。小学生には，表2-3の動詞の真意さえ押さえていれば，子どもにとってもっとわかりやすい動詞に変えて，学習課題を設定してもよいのです。

> **Q2-1** 学習課題を設定していなくても，主要発問によって子どもの学習の方向付けをすればよいのではないですか？
>
> **A2-1** 確かに，主要発問によって深い思考に導くことはできます。
>
> 例えば，「中国の現状と比べて，高度経済成長期の四日市の公害と今の中国の大気汚染との類似性と相違性は何ですか？」という主要発問と「中国の現状と比べて，高度経済成長期における四日市の公害とは何かを明らかにしよう」という学習課題は同じような学習の方向付けになります。しかし，発問は，教師が発する問いかけであって，消え去ってしまいます。ここでは，主要発問を板書したり，模造紙に書き出すような場面も学習課題として取り扱っています。なお，第4章では，深い学びを達成するために，学びを焦点化し，広げたり，関連付けたりするために用いる発問を取り上げています。

第2章のチェック・テスト

問い 本章の内容を理解しているかどうかをチェックするための小テストです。次の空欄に適切な用語を入れてください。正解は，本書の最後に載せています。間違った場合には，本章の該当箇所を読み直して，あなたの理解を深めてください。

　教育目標は，教科書や児童書や専門書などを研究することを通して，何を教えるのかという（　①　）から生まれます。ここで，教育内容とは，知識や技能に限定されるのではなく思考・判断や表現などの力も含まれます。

　新しい学習指導要領では，（　②　）が強調されていますので，教師が単に知識を説明して，子どもがそれを暗記する授業では対応できません。子どもたちが教師の設定した（　③　）をつかみ取るための（　④　）に取り組み，その過程で実験をしたり，討論したり，報告書を書いたり，プレゼンテーション

をしたりすることを通して，（ ② ）を行わなければなりません。つまり，教師は，（ ③ ）を設定して，評価のあり方も含めて，授業展開を考えるのに対して，子どもたちは，（ ④ ）に取り組む中で教育目標をつかみ取るということです。したがって，（ ③ ）は，子どもたちに提示する必要はありません。教師がしっかりもっていて，学習指導案に明示していればよいのです。

　そのような深い学びを促すためには，深い学びの（ ⑤ ）を入れ込んだ（ ④ ）を設定することが大切です。また，学習課題では，「～しよう」という（ ⑥ ）の学習課題と「～だろうか？」という（ ⑦ ）の学習課題があります。

教員の取り組み

授業者

1. 第2章で取り上げたキーワードは，次の通りです。

   > 教育目標，学級や学校の実態，学習課題，深い学び，浅い学び，教科の重要概念，アクティブ・ラーニングの技法，出口カード

   これらのキーワードを組み合わせて，できるだけ内容豊かな文章を作ってください。それによって，あなたがわかったかどうかをチェックすることができます。

2. 第3章末にある「逆向き学習オーガナイザー」のシートを用意してください。これは，A4判ですが，A3判に拡大したほうが使い勝手がよいと思います。そして，3.以下の進め方に沿って，そのシートを埋めてください。なお，本章では，このシートのうち，「A．教育目標」と「B．学習課題」しか埋めることができません。

3. 授業に取り組めそうな題材または単元を選んでください。

4. 教科書や関係書籍を調べて「何を教えるべきか」という教育目標を明らかにしてください。

5. 子どもの既習事項や興味関心を探り出し，それを踏まえて，教育目標を実現するための学習課題を構想してください。その際に，深い学びの動詞を

第1部　基本形理解編

組み入れる必要があります。

6. 学習課題に取り組むための準備物があるかどうか，購入なら予算があるかどうか，ということを確かめ，総時間数も計算してください。

7. 前ページの4.について，それだけの時間やお金をかける価値があるかどうかを振り返ってください。

8. 深い学びの動詞に着目して，異なる単元や他教科・領域で転移可能かどうかを検討し，その可能性があれば，教科横断的なカリキュラムの候補にしてください。

チーム同僚

1. 第2章で取り上げたキーワードは，次の通りです。

> 教育目標，学級や学校の実態，学習課題，深い学び，浅い学び，教科の重要概念，アクティブ・ラーニングの技法，出口カード

あなたと同僚教師がこれらのキーワードを組み合わせて，できるだけ内容豊かな文章を1人1つずつ作ってください。

2. 互いに書いた文章を相手に渡して，内容について批評し合ってください。そこから，本章についての理解度の十分なところと不十分なところがわかるはずです。不十分な場合には，本章を再度読み直して，理解を深めてください。

3. あなたが構想している教育目標と学習課題を書いた「逆向き学習オーガナイザー」のシートを同僚教師に見せて，深い学びの点からの妥当性と実行可能性（準備物，費用，時間等）について尋ねてください。

4. 学習課題に込めた深い学びの動詞に着目して，同僚教師の教科横断的指導でも採用可能かどうかということを尋ねて，もしも可能ならば，教科横断的カリキュラムの基本構想を作ってください。

第2章のチェック・テストで空所穴埋めが難しい場合には，次の用語を提示して，選択式テストに代えてください。

> 動詞，教育内容研究，教育目標，学習課題，深い学び，呼びかけ風，
> 主要発問型

●引用文献

Biggs, J. and Tang, C.（2011）*Teaching for Quality Learning at University*, Open Education Press.

Clarke, S.（2017）*Exceeding Expectations with Formative Assessment*, a material prepared at Shirley Clark's workshop.

中央教育審議会（2016）「幼稚園，小学校，中学校，高等学校及び特別支援学校の学習指導要領等の改善及び必要な方策等について（答申）」文部科学省。

第1部　基本形理解編

第3章
子どもと一緒に達成ポイントを創る

　ネットサーフィンをしていたら，「自己評価は当てにならない」という小学校教師のホームページを見つけた。

　「今日の授業は，どの程度わかりましたか？」と問いかけて，ニコニコマークの顔文字や ABC などに〇をさせる子ども向けの評価があるが，厳しくつける子どももいれば，甘くつける子どももいるから，当てにならないという。そして，結局，教師が一人一人の子どもを評価してやらなければならない，という結論であった。

　確かに，その通りだ。出来の悪い子どものほうが，何ができて，できていなかったからわからないから，安直にできたと自己評価してしまう傾向があるように思う。出来の良い子に限って，自分に対する見方が厳しいのであって，もっと自信をもって欲しい。とは思うが，しかし，子ども一人一人を評価するなんて，多忙化する中で，とてもやれるものじゃないというのが実情である。

● 主体的学びの鍵としての達成ポイント

　第1章で紹介した「深い学びの全員達成授業モデル」では，**課題誘発活動によって子どもの興味関心を沸き立たせて**，学習課題に繋げた後，できるだけ早い段階で子どもたちと一緒に達成ポイント創りをします。達成ポイントは，ペーパーテストのように，正誤の解答がはっきりあって，点数で評価できるようなものではありません。達成ポイントは，子ども同士の対話や協働によって深い思考を発揮し，明らかにしたい事柄や追究したい事柄ができたかどうかということを教師だけでなく子どもも評価するためのツールです。したがって，

第3章　子どもと一緒に達成ポイントを創る

一人一人の子どもが達成ポイントを内面化して，活用できれば，上のエピソードのような安直な自己評価にはなりません。**子どもたちは，達成ポイントを内面化することによって，主体的に学ぶようになる**ということです。

◉ 達成ポイントとめあてとの違い

「達成ポイントって，めあてと同じですか？」という質問を受けることがあります。「めあて」という言葉は，学校で広く使われてきました。授業の冒頭，教師が「今日のめあて」といって，板書することがあります。しかし，そのような場合，教育目標と学習課題の区別がないことも多いのではないでしょうか。

子どもの個性化を重視した1990年代の体育の授業で「めあて学習」が流行したことがあります。しかし，教科内容を具体化しないで，「子どもが学ぶ内容の多様化・差異化をいっそう容認していく」という様々な批判がなされ，次第に「めあて学習」が行われなくなりました（出原ほか，1997，p.34）。例えば，バスケットボールの授業で，ある子どもにはフリースローをめあてとし，別の子どもには，ランニングシュートをめあてにして取り組ませる実践のように，子ども一人一人に異なるめあてを認めて実践させたために，学力保障の面から不十分とみなされたということです。

質的な学びを評価する道具である達成ポイントは，もしも複数の達成ポイントを設定した場合でも，**やさしい達成ポイントを満たせば，次に優れた達成ポイントを目指す**ことを奨励しており，どの子どももより優れた達成ポイントを目指すようにしています。その意味で，達成ポイントは，質的な学びの学力を保障する重要な役割を果たしています。

そして，「めあて」という言葉は，教育目標の意味で使われたり，学習課題として子どもに提示したり，時には，子どもが学ぶための方向付けをし，学んだ結果を評価するための規準として使われる場合もあって，多義的です。したがって，このような手垢のついた「めあて」という言葉を使うより，本書では，**子どもが学習課題をやり遂げた状態をイメージして設定した基準**として達成ポイントという言葉を使っています。

第1部　基本形理解編

> **Q3-1** 英語の Can Do リストと達成ポイントとの違いは何ですか？
>
> **A3-2** 達成ポイントは Can Do リストより特定的であるという点です。
>
> 　主として中高の外国語教育では，4技能（「聞くこと」「話すこと」「読むこと」「書くこと」）について，卒業時，学年ごとに「～することができる」というように具体的に表した能力記述文を設定する Can Do リストの導入が進められています。例えば，目標設定を「過去形を使うことができる」というより「過去の出来事について話す（書く）ことができる」として，具体的な表現にして，成績評価だけでなく指導と評価に生かしたり，子どもの学びの省察に役立てたりすることが期待されています。
>
> 　達成ポイントは，CanDo リストと同じように，成績評価にも指導と評価にも省察にも使います。ただし，達成ポイントは，教科レベルで設定されるのではなく，個々の授業における，閉じたり開いた教育目標を達成するための特定の課題について，子どもや学校・地域の実態に応じて設定されるという点が違います。

◉ 達成ポイントで形成的にアセスメントする

　達成ポイントは，学習を終えた後だけでなく，学びの途上においても，出来・不出来を確かめて，不出来をどうすれば改善できるのかを考えるために使います。つまり，達成ポイントは，一連の学びの最後に出来・不出来を明確にして，**「総括的評価」**と呼ばれる成績評価をするだけでなく，学びの途上で教師だけでなく子ども自身も自分たちの学びのレベルを確認し，不出来をできるようにする方向性を示す**「形成的アセスメント」**という役割ももっています。

　そして，達成ポイントは，子どもの発達に応じて，1つだけでなく複数の学びの結果を設定すれば，思考・判断を発揮する質的な学びのレベルを示すことができるので，**「簡易ルーブリック」**のような働きもします。

　「どうしてルーブリックではなく達成ポイントを使うのですか？」という質問を受けることもあります。**ルーブリックは，評価規準に照らして学びの質的な違いをレベル分けしたもの**ですが，教師でさえルーブリックによって同じような評価結果を得ることが難しいのです。だから，アメリカでは，長期休業中に教師が集まって，特定の子どもの学習物についてルーブリックで評価し，そ

48

の結果をもち寄って，話し合って，互いに合意できるような評価結果を生み出すことを目的とした「モデレーション」が行われてきました。

　ルーブリックは，教師による子どもの成績評価だけでなく，子どもも自分たちの学びを相互評価したり，自己評価をする「**学習促進機能**」としても生み出されたものです。ところが，ルーブリックに複数の評価規準が盛り込まれ，それぞれの規準の質的レベルが詳述されると，大学生でさえルーブリックを使いこなすのが難しいのです。私たちの協働研究では，せいぜい小学校高学年くらいにならないと，子ども自身がルーブリックを活用できるようにならないということもわかっています（安藤，2004，p.149）。

　それで，私たちは，イギリスにおける思考スキルを評価し，学びに生かすという成功規準（success criteria）の実践に習って（クラーク，2016，pp.121-143），また，関西大学初等部におられた三宅喜久子先生を中心に行われてきた，1コマの授業ごとに「めあて」を設定し，学びの評価に生かそうとした実践にも学んで，達成ポイントというツールを洗練させてきました。

Q3-2 ▶ ルーブリックは，評価規準についてレベルの違いを評価指標で記述したものです。とすれば，達成ポイントはルーブリックとはいえないと思いますが。

A3-2 ▶ はい。**長期的ルーブリックとは必ずしも同じではありません。**

（a）分析的ルーブリック：複数の評価規準を設定して，それぞれの評価規準について「十分満足」「満足」「努力を要す」など様々なレベルの違いを評価指標として記述するもの。

（b）全体的ルーブリック：複数の評価規準に沿って優れた評価指標を集約したものを「十分満足」，劣った評価指標の集約したものを「努力を要す」，その中間を「満足」という評価指標でレベル分けしたもの。

　達成ポイントの中には，（a）のように，特定の到達基準とそれを上回る基準を設定する場合もあれば，（b）のように，例えば，実験の手順をしっかり踏んでいることを確認したり，押さえるべき内容を列挙したものもあります。

　達成ポイントは，（a）や（b）のルーブリックの「十分満足」を示すものとして位置付けることができますが，特定の題材で使うものであって，どの題材で

49

第1部　基本形理解編

も使えます。実践研究の結果，ルーブリックは，小・中学生が使いこなすのは難しくて，時間を要することがわかっていますので，達成ポイントのほうを奨励しています。

● 明確な正解がある学習課題の達成ポイント

　達成ポイントは，教育目標を分解して授業の文脈に即して設定したものであり，子どもが達成レベルを徐々に上げるという選択の余地も残しています。そのため，子どもと一緒にわかりやすい言葉で表現すれば，どの子どもでも活用することができるようになります。最大のポイントは，評価は，教師だけがするものであるという固定観念を打破することです。

　子どもたちが**学習課題**に取り組んでいく際に，そこでの**学びの過程や結果を分割したものが達成ポイント**になります。例えば，小学1年算数の「ひきざん」の単元で，12－6のように2位数から1位数を減じる引き算には，ⓐ12から1ずつ引いていく，ⓑ10のまとまりから6を引く，ⓒとる数を4と2に分ける，という3つの方法があります。それで，達成ポイントとしては，Ⓐ自分なりのやり方で12－6の引き算のしかたを説明する，Ⓑその計算のしかたを操作や図や言葉で説明する，Ⓒ自分が一番やりやすいしかたで他の問題を解く，ということに絞ることができます。

　達成ポイントについて，Ⓐ自分なりのやり方で12－6の引き算のしかたを「説明する」ではなく「考える」でもよいのではないかと思うかもしれません。しかし，それは，間違いです。達成ポイントとしての役割を果たせません。子どもの学びを評価する際に，「引き算の仕方を考える」という達成ポイントならば，子どもは「考えました」と答えれば，その証拠や根拠もなく達成したとしかみなせないからです。同じようなことは「理解する」や「知る」という表現でも起こり得ます。

　「考える」「理解する」「知る」などを達成ポイントで使うことは，学びの見える化ができないので，**禁句です**。むしろ**「説明する」「述べる」「指摘する」「発表する」「まとめる」「挙げる」**などの動詞を使ってください。このようにいえば，かつて流行した行動目標と関連付ける人もいるかもしれませんが，そうでもありません。第2章で詳述したように，**深い学びの動詞から達成ポイ**

ントを引き出せば，学びが見える化できるということです。

● 特定の正解がない学習課題の達成ポイント

　特に国語や社会科などの教科の**学習課題には，必ずしも解決策が明確ではな
い場合**もあります。例えば，小学5年社会の「米づくり」の単元の最後には，
食の多様化に伴う消費量の減少や高齢化と後継者不足などによる作付面積の減
少などの農業問題が問題に挙げられていますが，その解決策は明示されていま
せん。では，なぜこのような農業問題を取り上げるのかというと，誰もが知っ
ておくべき，引き続き関心をもつべき重要な問題だからです。このような場合，
「農家の人は，おいしくて安全で安いお米を作るために，どんな工夫や努力を
しているのだろう」という学習課題になります。

　そこで子どもたちが調べ学習をして，安全な米づくりのためには，ⓐ農薬や
化学肥料を減らす，合鴨農法，有機栽培などがあることを突き止めます。おい
しい米づくりのためには，ⓑ労働集約的な生産体制を組む必要もあるでしょう。
他方では，安い米づくりのためには，ⓒ海外のように，耕地の拡大や機械化や
共同作業の必要性に気付くでしょうが，ⓐⓑとⓒは，海外の米の価格も見据え
ていくと，必ずしも両立可能とは限りません。

　そのような中で子どもと一緒に達成ポイントを創るとすれば，例えば，Ⓐ安
全な米づくりの方法をあげる，Ⓑ安い米づくりの方法をあげる，Ⓒおいしくて
安全で安い米づくりの提案をする，ということになります。とりわけ，Ⓒにつ
いては，学習課題に対して明確な答えはないものの，**相手を納得させられるよ
うな論拠立てができる**かどうかということが学びの評価の鍵になります。答え
が明確ではない学習課題においては，**「学習の結果，どのようになれば目標を
達成したのか」**ということを想起させて，**「論拠を明確に示せる」とか「資料
や証拠に基づいて説明する」**などの達成ポイントを子どもと一緒に創ることが
大切です。

● 達成ポイントの創り方

　もちろん，教師は，子どもの成績評価を専権的に行う任務をもっています。
しかし，子どもの学びの途上の評価では，教師は授業改善のために，子どもは

第1部　基本形理解編

学びの向上のために評価に関わる必要があります。そのような評価観の転換が21世紀に求められているのです。

　とすれば，達成ポイントは，教師がわかっているだけでなく**子どもたちも理解して，使いこなせなければなりません。**その際の基本的な手順は，次のようなものです。

　（A）**学習課題を設定**する。

　（B）本章末に示す達成ポイント創りの方法Aから方法Fまでを読んで自分の授業で使いたい方法を選び，子どもたちが学びを展開していく様子をイメージする。

　（C）「深い学びのための全員達成授業モデル」において学習課題に沿った深い思考を導く**課題解決の後**に，子どもの学びで何ができて，できなかったということを**評価する方法をメモ**しておく。

　達成ポイントは，教師が子どもと一緒に創っていくので，子どもたちは，達成ポイントを自分たちで創ったという感覚をもっているはずです。

　しかし，教師は，授業前に次の3つのことをしています。ここで以下の（2）（3）は，教師の言葉で表現するのではなく，子どもから出てきそうな言葉で記すことがポイントです。

　（1）教師の教育内容研究に沿って教育目標を記述する。

　（2）教育目標を達成するために，子どもに取り組ませたい学習課題を設定する。

　（3）子どもが学習課題について，達成ポイント創りの方法のAからFを参照しながら，「これができればうまく課題を達成した」という達成ポイントを導き出す。

　教師は，（A）授業において子どもの興味関心を沸き立たせながら，学習課題を設定する際に，（B）で用意した学習課題の範囲を越えずに，子どもから出てきた言葉を組み入れます。そして，そこで設定した学習課題について，教師は，「どのようになれば達成できたといえるでしょうか？」と子どもに問いかけ，（C）で用意した達成ポイントを念頭に置きながら，子どもの発言を生かしたり，組み合わせたりし，子どもが活用できる達成ポイントを創り出していくのです。

52

第3章　子どもと一緒に達成ポイントを創る

　もちろん，子どもたちは，（1）の教育目標は知りません。（2）の学習課題は，教師が用意していますが，子どもたちが「これから取り組みたい」と思うように，時には修正加筆をしながら，生み出したと思うでしょう。他方，子どもたちは，（3）の達成ポイントが自分たちの意見を尊重しながら，設定されたと思っているでしょう。とすれば，達成ポイントは，自分たちが納得済みで創ったものであり，その意味で自分たちなりにある程度の学びの責任を感じるのではないでしょうか。

● 達成ポイントの導入が難しい場合には

　子どもと一緒に達成ポイントを創る実践をしたが，うまくいかなかったとか，どうすればよいのかわからないというようなことがあるかもしれません。例えば，深い学びを生み出す学習課題に取り組ませようと思って，「どのようになれば，課題達成したと思いますか？」と尋ねて達成ポイントを子どもと一緒に創ろうと思ったけれども，それを考えるための基本的な知識が子どもたちに欠けていることがわかるときがあります。そのような場合には，「深い学びの全員達成授業モデル」の課題解決活動に進む前に，説明的な授業や指導を介した学びなど教師主導の授業を挟んでください。

　本章末に達成ポイント創りの方法をAからFまで紹介しています。優劣の学習物や典型例の対比をする方法Dでは，単一の学習物ではなく複数の学習物を提示してください。**優れた学習物を1つだけ示すと**，子どもたちは，それが金科玉条のようにみなして，**真似るだけになりかねません**。独創性という規準を追加すると，単なる物真似も減りますが，独創性ということの達成ポイント創りが難しくなります。それで，方法Dのように，特定の観点からみて優れた学習物と劣った学習物を選び出し，それぞれの学習物を1つずつ子どもたちに示して検討させた後，その観点を見つけ出させるようにすればよいでしょう。

　学級に失敗は成功の元という成長マインドセットの考え方が浸透していて，学習課題が子どもの興味関心を引き付けていて，教師は，**授業の節目ごとに達成ポイントに言及して，子どもたちに自覚させていけば**，子どもは，**自然と自分なりの学びをやろうとする**ものです。達成ポイントの子どもとの共有化にチ

53

ャレンジして，本来の意味での主体的な学びに一歩でも近づくようにしていってください。

第3章のチェック・テスト

問い 本章の内容を理解しているかどうかをチェックするための小テストです。次の空欄に適切な用語を入れてください。正解は，本書の最後に載せています。間違った場合には，本章の該当箇所を読み直して，あなたの理解を深めてください。

　アクティブ・ラーニングは，子どもの内的能動性が確保されなければ，外面的には活動し，時間はかけたけれども，何を学んだのかわからないと批判されてきました。したがって，新しい学習指導要領では，（　①　）学びが重視されています。

　その学びの中核になるのが，学習課題をうまく学べた状態をイメージして（　②　）と一緒に創る（　③　）です。そして，子どもが（　③　）を内面化していると，学習課題に沿った学びの後，子ども同士や自分自身で学びを評価するための規準になります。（　③　）の作り方としては，間違った（　④　）や（　⑤　）の提示などの方法があります。

教員の取り組み

授業者
1. これから取り組もうとする授業の教育目標が唯一の正解がある「閉ざされた教育目標」か，あるいは，結論がオープンエンドである「開かれた教育目標」かということを明らかにしてください。なお，教育目標は，他の単元や学年や他教科・領域でも適用できるようにするために，あまり内容に縛られないような一般的な書き方をする必要があります。
2. 達成ポイントは，教師が一方的に示しても，子どもは使いこなせません。したがって，子どもが教師と一緒に達成ポイントを創る必要があります。

これまで達成ポイントを子どもと一緒に創った経験がなければ、本章末に掲載している次の方法A～Fのうちから、あなたの授業にあったものを選び、達成ポイント創りの参考にしてください。

　方法A：課題達成をイメージした子どもの提案

　方法B：間違った例の提示

　方法C：モデリング

　方法D：優劣の学習物や典型例の対比

　方法E：実験手順や調べ学習の達成ポイントの提示

　方法F：教師と子どもの願いを組み合わせた達成ポイントの集約

3．本章末にある「逆向き学習オーガナイザー」のワークシートは、「深い学びのための全員達成」の授業づくりのための作戦基地になります。教育目標、学習課題、達成ポイント、山場の評価方法、そのための授業展開を書いて、その妥当性や有効性について振り返りながら、修正加筆してください。なお、授業展開については、第5章も熟読の上、作成したほうがよいでしょう。

4．達成ポイントを子どもと一緒に創るときに、どのような反応があるのかを予想して、どの程度までなら子どもに寄り添って修正可能かを考えてください。

チーム同僚

1．深い学びを促す授業計画を書いた「逆向き学習オーガナイザー」のワークシートを同僚教師に見せて、アドバイスをもらうとよいでしょう。

2．ペアの同僚教師だけでなく、時間的余裕があって、さらに広く助言を募りたい場合には、他の教師にも相談して、アドバイスを求めてください。そして、新たな気付きがあれば、ワークシートに追記してください。

3．授業の実施過程では、使った方法とその効果を確認し、優れた実践の学習物を同僚教師で共有する方法を見出し、学校でそれらをPCやネットで共有するシステムがあれば、そこに保管しておいてください。

第1部　基本形理解編

　第3章のチェック・テストで空所穴埋めが難しい場合には，次の用語を提示して，選択式テストに代えてください。

> 達成ポイント，子ども，深い，例，モデリング

●引用文献

安藤輝次（2004）『絶対評価と連動する発展的な学習』黎明書房。

クラーク，S.（訳：安藤輝次）（2016）『アクティブラーニングのための学習評価法－形成的アセスメントの実践的方法－』関西大学出版部。

出原泰明・森敏生（1997）「『めあて学習』への批判と論争」，『体育科教育』大修館書店，1997年4月号。

第3章　子どもと一緒に達成ポイントを創る

逆向き学習オーガナイザー		
[　　　学年] 題材 [　　　　　　　　　　] 氏名 [　　　　　　]		
A. 教育目標：		
B. 学習課題：	C. 達成ポイント：	
D. 授業の山場における評価方法：		
E. 授業展開：		

＊BCDは，子どもが使いこなせる必要があるので，子どもがわかって，子ども
　が使えそうな言葉で表現してください。Eは，1コマではなく，授業モデルに
　沿って最低2コマの流れを記してください。

57

第1部　基本形理解編

達成ポイント創りの方法

● 方法Ａ：課題達成をイメージした子どもの提案

（1）想定している場面

　間違ったことをいっても笑われないとか馬鹿にされないという学級風土が根付いていることを前提にしている。失敗からみんなで学び合おうというような学級の人間関係が育っていなければならない。学習課題をどのようにやることができれば達成したといえるのかということを言葉で表現できなければ，学級全体で共有することが難しいだろう。

（2）事前準備

1．深い学びの教育目標や学習課題を書き出す。
2．教材研究を十分して，学習課題に関連した発問をしたり，資料を提示したとき，どのような子どもの反応（誤反応を含む）があるのかということを予想し，メモをする。
3．学習課題に取り組ませた結果，最終的にどのような学びの表現をさせたいのかを具体的にイメージし，達成ポイントを抽出してメモに残しておく。
4．その達成ポイントを子どもから導き出せるかどうか，発問や資料を振り返って確かめる。

（3）実施手順

1．学習課題に対する子どもの興味関心が課題誘発活動で沸き立ったと判断した後，「……という学習課題の解決について，どのようになれば課題解決したと思いますか？」と発問し，「それが達成ポイントになります」と述べる。
2．発問に対して子どもから自由に意見を出させ，教師の設定した達成ポイントに関連した発言を拾い集めていく。そして，関連した内容について「このような意味ですか？」と問いかけ，時には板書をしながら，子ども言葉も生かして達成ポイントにまとめる。
3．板書した達成ポイントについて，「これで課題解決をする際に有効かどうか」ということを学級全体で確認し，黒板に記す。次時に課題解決を行う

58

第3章　子どもと一緒に達成ポイントを創る

場合には，補助黒板や模造紙に記しておいて，子どもたちが絶えず目にできるようにする。

（4）トラブル対処法

教師が期待したような達成ポイントを子どもが見出せない場合には，次の3条件のいずれかが原因である。これらの条件が不十分であれば，方法Aは使わないほうがよい。

①　教材研究が不足で，課題誘発活動が学習課題の焦点化に繋がらなかった。
②　子どもが自由に意見を発表し，間違っても馬鹿にしないという集団に育っていない。
③　教師が自分の意見を押しつけるのではなく，子どもの多様な意見を整理しながら，授業意図に近付けていけるような力量がない。

＜実践例＞

小学5年社会「日本の水産業」の授業である。教師は，写真を提示して，「どの場所で何をしている所？」と尋ねた後，漁業の水揚げ場面の動画を見せ，次に競りの写真を見せてから，その動画も見せた。子どもたちは，どこの漁港かわからないので，「日本で3000ほどある漁港のなかで最も水揚げ量の多い所」とヒントを与え，「銚子港」と種明かしをする。それから，「銚子港はなぜ日本一水揚げ高が多いのかの理由を調べよう」という学習課題を示し，達成ポイントの「十分満足」と「満足」を次のようにして設定した。なお，後述する達成ポイントの「十分満足」の「自分なりの意見をもてる」は，「オリジナルを作る」という点で「抽象深化」の動詞であろう。

教師　　：この学習課題の達成ポイントを決めたいと思います。どのように
　　　　　できれば，「満足」でしょうか？　（子どもが困っているので）
　　　　　調べるってどういうことですか？　どういうことができればよ
　　　　　いのですか？　隣の人と話して下さい。
子どもA：理由がわかって，なお……理由が……。
教師　　：理由を考えようとはまた違うのですね。考えようと調べようとの
　　　　　違いは？
子どもB：「考えよう」は予想みたいで，「調べよう」は事実をみつける。

59

第1部　基本形理解編

教師　　：事実をみつけること，なるほどそうだね（「同じです」という声
　　　　　が挙がる）。同じ？　なるほど。どのようなことができれば，調
　　　　　べられたということかな？

子どもC：銚子港はなぜ水揚げ量が日本一高いのか理由を調べて，自分の意
　　　　　見をもつこと。

教師　　：「理由を調べて，自分の意見までもてる！」そこまでいくと，す
　　　　　ごいね。それは，「十分満足」かもしれない。なるほど。自分の
　　　　　意見をいえるって言葉すごくいいから，「～して自分の意見をい
　　　　　える」っていうのは「十分満足」にしようか（「十分満足」と板
　　　　　書する）。じゃあ，「満足は？」

子どもD：資料から。

教師　　：資料から。なるほどね。

子どもD：資料から情報を読みとれたら。

教師　　：資料から情報を読みとれたら！　どのような情報？

子どもE：えっと。銚子港はなぜ日本一水揚げ高が多いのかという情報です。

教師　　：～っていう情報。ここですが，その資料から，何を読みとれれば
　　　　　よいの？

子どもF：～の理由。

教師　　：理由！　そうですね。この理由。「満足」は，理由を読みとれた
　　　　　ら……（「満足」と板書）。考えるっていうのは，何の根拠もな
　　　　　しに，こうだと思っても考えるになるね。でも，調べるっってい
　　　　　うのは，何かの資料から，その情報を読み取ることができると
　　　　　いうことです。

　そして，「十分満足」については，「自分の意見をもてる」の前に「読みとっ
たことから」という言葉を付け加え，「満足」については，「資料から理由を読
みとれたら」という2つの達成ポイントを板書した。

第3章　子どもと一緒に達成ポイントを創る

● 方法Ｂ：間違った例の提示

（1）想定している場面

　学習課題に関する経験や既知があるときに使える方法である。子どもには優れた例であるといって，実は間違っている例を示すと，子どもは，「間違っている」と言う。それで，教師は，子どもに「なぜこれが間違っているのか」ということを説明させ，そのやりとりの過程でどうなればうまく学ぶことができたかを明らかにして，それを達成ポイントにする。

（2）事前準備

1．深い学びの教育目標と学習課題を書き出す。

2．最終的にどのような深い学びを表現させたいのかをイメージする。

3．その学びの表現とは異なる例を過去の年度の子どもの学習物から見出したり，インターネットから選び出したりする。

4．間違った例を示した際に子どもから挙がりそうな発言を予想し，列挙する。

（3）実施手順

1．課題誘発活動で学習課題に対する子どもの興味関心が沸き立ったと判断した後，「先生は……というこの学習課題の解決について，このようになれば課題解決したと思う」と述べて，達成ポイントの点から間違った例を子どもたちに示す。

2．子どもたちから「それは違う」という発言が出てきたなら，教師の読みの通りであり，「どうして違うの？」と問い返して，その理由を発表させて，整理する。

3．子どもたちから「それは違う」という明確な発言が出てこなければ，もっと幅広く発言を求め，事前準備4で想定した子どもの発言を思い出しながら，子どもの発言を整理し，教師が当初から意図した達成ポイントに関連付けていく。

4．最後に，これから押さえるべき達成ポイントを学級全体で確認し，補助黒板に記したり模造紙に記したりしておいて，絶えず目にできるようにする。

第3章

61

（4）トラブル対処法

1. 教師がねらっている達成ポイントの特徴を備えていない間違った例を示したが，子どもから「違う」とか「わからない」という声が上がった場合には，子どもの学びでうまくいったと期待する達成ポイントとの違いを明確化できてない，または子どもの経験や既習事項を読み違えたのかもしれない。そのようなときには，教師は，提示した（間違った）例における着眼点を指したり，言葉でヒントを与えたりするなどをして，子どもから望ましい達成ポイントの要素を引き出す。
2. 教師が提示した間違った例から子どもが間違いの理由に気付き，望ましい達成ポイントに気付きやすいようにするために，例に下線を引いておくとか，色違いの文字や用紙で示すとよい。

＜実践例＞

福本義久先生（四天王寺大学）と協働研究をした宮城修斗先生（奈良県葛城市立新庄小学校）による小学3年国語教科書（光村図書出版『国語三　上』p.83）の単元「ありがとうをつたえよう」の授業であり，「批評する」「書き直す」関連付けの学習を行っている。

授業の始めに，宮城先生は，恩師の先生にB-1のような手紙を書いたと述

○○先生、こんにちは
わたしは、今、新庄小学校で三年生のたんにんをしています。○人の子どもたちは、みんな元気で、めっちゃかわいいです。もうすぐ夏休みになるので、毎日べん強をがんばっています。
では、また合いましょう。さようなら。

B-1　間違った手紙

B-2　間違い指摘から達成ポイントへ

べ，黒板に掲示する。

　すると，子どもたちから，「この手紙は駄目！」という発言が一斉に巻き起こり，教師が駄目な理由を尋ねると，次々に手が上がって，①失礼，②宛先がない，③「合いましょう」のような書き間違いがある，④「めっちゃ」などの話し言葉は駄目，と言う。そして，教師は，これらの理由を B-2 のように，手紙の下の画用紙に書き加えて，それが達成ポイントになるということに気付かせた。

　子どもたちは，いつもは教師に駄目出しをしてもらうのに，今回は教師の手紙に駄目出しをするので，意欲的になり，勝ち誇ったように修正案を出す様子が印象的である。この後，授業は，①から④を満足するような手紙を示して，手紙の「はじめ」「中」「おわり」のルーブリックを作るように展開し，結局 1 コマ全体を費やすことになったが，上述の達成ポイント創りまでなら20分弱である。

● 方法 C：モデリング

（1）想定している場面

　小学校低学年であれば，言葉の説明だけでは，達成ポイントを生み出すことが難しい。そのような場合，具体的なイメージ化のために，教師が子ども役になって，うまくいった学びやうまくいかなかった学びを役割演技，つまり，「動作化」をして，どのような学びになったらよいのかという達成ポイントを示すことができる。あるいは，小学校中学年以上であれば，このようにすればよいというサンプルを見せて，それを参考に達成ポイントを生み出す方法がある。これらは，サンプルを見て，同じような行動をさせるモデリングという方法である。

（2）事前準備

1．深い学びの教育目標や学習課題を書き出す。

2．深い学びにおいて，最終的にどのような学びの表現をさせたいのかをイメージする。

3．モデリングのために，教室にすでにある備品だけでは不十分であれば，必要な教材づくりをしたり，備品を用意したりする。ただし，できるだけ簡

第1部　基本形理解編

単な教材や備品を用いるべきである。

4．モデリングで注意すべき点などを子どもたちが見落とすことがないように，その都度，子どもたちに問いかける場面を考え，問いかけ方を考える。

（3）実施手順

1．課題誘発活動で学習課題に繋がる子どもの興味関心が沸き立ったと判断した後，「……というこの学習課題について，このようになれば課題解決したという見本をみなさんに見せます」と述べる。

2．モデリングの場面を具体的にイメージできるように子どもに詳しく説明する。

3．モデリングをする場合には，多少大げさに演じたほうが，何がポイントであるかわかり易い。

4．モデリングのポイントになる前，または後に動作化を止めて，子どもたちに着眼点を問いかける。

5．モデリングを再開する。

6．モデリングの後，「この達成ポイントに沿って学びを行ってください」と述べて終わる。

（4）トラブル対処法

1．モデリングによって見て学ぶことに慣れていなければ，大げさに演じたり，繰り返し演じる。

2．複雑な学習課題の場合，モデリングも複雑になって，何をすべきかということがわかりにくい。したがって，学習課題を節目で分割して，重要な部分に限定してモデリングをする。特に年少児や発達障害の子どもがいる学級では，そのような配慮をしたほうがよい。

3．一連の学びの途上で特定の子どもと一緒にモデリングをする場合には，事前に声掛けして頼んでおき，最初のセリフなどは用意しておくとスムーズに展開しやすい。

＜実践例＞

私（安藤輝次）が大学で担当する小学校教員養成向けの「社会科教育法」の授業で学生たちに班を作らせて，教師役と子ども役に分けて模擬授業したときの実践である。小学6年社会「自然災害を防ぐ」において学習課題を「南海

第3章　子どもと一緒に達成ポイントを創る

トラフの地しんから命を守る方法を考えよう」を設定した後，次のように達成ポイントを子ども役と一緒に創った。「理由を付けて説明する」「問題解決する」という関係付けの動詞を使っている。

　教師は，自分の部屋のイラストを描いたプリントを配布して，「本棚の横にいたときに地震が起きると，どうなりますか？」と発問し，子どもから「本が倒れるから，危ない」という発言を引き出す。それで，本棚に赤丸のシールを貼った後，「じゃ，どうすれば安全になるの？」と尋ねると，「本棚に支えをして，倒れないようにする」という。次に，教師は，ワークシートになぜ安全かという理由を書くように言い，安全になった場合には青丸のシールを貼って，「このように危険な場所から安全な場所に変えて，安全な場所を増やしていってください」と指示した。

　それから，「命を守る方法をどのように考えていったのでしょうか？」と発問し，子どもと一緒に達成ポイント創りをする。子どもから最初に出てきたのは，「危険な場所を見つける」ことである。そこで，次に，子どもから「安全な場所にする」という発言が出されたが，教師は，その前に「なぜ危ないのか」を考えて欲しいと言う。それを受けて，子どもから「なぜ安全といえるのか？」という発言があり，C-1に示すように，これら4点と見つける，話し合う，説明する，などの言葉も添えて達成ポイントを創って，板書した。

　この授業を見て，学生の発想力の豊かさに驚いたが，達成ポイントは，その

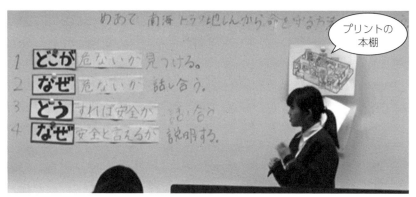

C-1　ワークシートから達成ポイントを創る

第1部　基本形理解編

後の学びの評価に役立てることを考えると，「どこが危ないかを見つける」と
「なぜ安全といえるのかを説明する」という2つでよいように思う。

● 方法D：優劣の学習物や典型例の対比

（1）想定している場面

　優れた学習物と劣った学習物を対比させて，互いの違いを浮かび上がらせる
ことから，優れた学習物が備えている要素を見出し，それを達成ポイントとす
る方法である。比較対照するには，第一に，一つ一つの物をしっかり見つめて，
特徴を取り出し，第二に，双方の特徴を何らかの観点から見つめて，類似性
（比較）と相違性（対比）を見出す必要がある。したがって，この方法は，違
いがはっきりしていない限り，小学校低学年児にとっては，優秀な学習物から
その特徴を取り出すほうがやさしい。この方法では，複数の達成ポイントを抽
出できるので，簡易ルーブリックとすることもできる。

（2）事前準備

1．深い学びの教育目標や学習課題を書き出す。

2．深い学びにおいて，最終的にどのような学びの表現をさせたいのかをイメ
　　ージする。

3．次の3つのオプションからどれかを準備しておく。

　　①同様の学習課題によって生み出された過去の年度の優劣のある学習物を
　　　選び出す。その際に，優れた学習物には，教師がねらっている達成ポ
　　　イントがすべて盛り込まれている必要があるが，そうでない場合には，
　　　不足したポイントを補うために優秀な学習物を加工する。

　　②学習課題について，担当する子どもたちが生み出しそうな優れた典型例
　　　と劣った典型例を教師が自作する。

　　③後述する実践例のように，小学6年生と中学3年生と発達の異なる学
　　　習物を使って，前者を劣った学習物，後者と優れた学習物とみなす。

4．上述の3の①から③のいずれかによって優劣の学習物，または典型例を
　　用意し，優劣の特徴をできるだけ多くリストアップする。

5．優れた学習物を軸にして，劣った学習物との類似点と相違点をメモをする。

6．相違点を達成ポイントとして子どもにわかりやすい文章に言い換える。

第3章　子どもと一緒に達成ポイントを創る

7．学習課題に照らして，優劣の学習物や教師自作の典型例を提示して，子どもたちから誤反応も含めて，どのような反応が返ってくるのかということを予想して，メモをする。

（3）実施手順

1．課題誘発活動で学習課題の設定について子どもの興味関心が沸き立ったと判断した後，「……というこの学習課題について，このようになればうまく課題解決したという見本をみなさんに見せます」と述べる。

2．課題や発問に関連していて，達成ポイントを具現している優れた学習物や教師自作の典型例と，劣った学習物や教師自作の典型例を子どもたちに示す。

3．子どもたちに，優れた学習物や典型例の特徴は何かを明らかにするよう求める。

4．子どもたちに，劣った学習物や典型例の特徴は何かを明らかにするように求める。

5．優劣の学習物，または典型例を比較対照させて，類似点（比較）と相違点（対照）を図にして整理する。

6．子どもたちに，これから取り組むために優れた学習物を生み出すための条件として，類似点は満たすべきであるが，相違点にこそ優れたポイントを見出すことができることを強調し，それを達成ポイントとして，列挙する。

7．達成ポイントを難易順に並べ，できるだけ多く達成するように子どもに指示する。

（4）トラブル対処法

1．学習物や典型例は，半具体半抽象であり，優劣の学習物と典型例を比較対照させるので，子どもにとっては難しくて，達成ポイントを見出せないことも多い。そのような場合，意図した以外の反応への対応については，（2）事前準備の5のメモを役立てたい。

2．子どもの興味付けと注意の焦点化のために，学習物や典型例の一部を隠したり，小出しにしたりしてもよい。

3．達成ポイントを浮かび上がらせるために，注目点に色付けを変えたり，太

第1部　基本形理解編

字で記号や文字を記すというようなユニバーサルデザインの方法を用いる。

4．劣った学習物が誰のものかわかれば，その子どもを傷つけてしまう。したがって，氏名欄は消すことはもちろん，誰かわからないように，すでに卒業したり，数年前の子どもの学習物を使うような配慮が必要である。

＜実践例＞

　私（安藤輝次）は，大学の授業で，レポート作成の初歩段階で書き方の達成ポイント創りのために，学習課題を「優れた作文はどちらで，その理由は何だろうか？」として，次のように達成ポイントを共有している。なお，この学習課題では，「比較する」「対比する」「書き直す」などの関係付けの深い動詞が使われる。

　まず，「『楽しかった修学旅行』と『自分には何ができるのだろうか？』のどちらの例が優れているだろうか？」と発問をすると，間違いなく「自分には何ができるだろうか？」であるという答えになる。これは中学3年生，「楽しかった修学旅行」は小学6年生だから，当然のことである。

　次に，「どうして中学3年生の作文が優れているのか？」と問いかけると，「焦点化している」とか「読みやすい」などが出てくる。それを達成ポイントとする。さらには，「起承転結」が出てくるかもしれない。それも達成ポイントになり得る。

楽しかった修学旅行

小学6年　Xさん

　24日から25日まで，修学旅行に行ってきました。私が一番楽しみにしていたのは，ユニバーサル・スタジオ・ジャパンでした。まず最初に（24日の日に）組みひも館に行きました。私は，最初に先生たちからむずかしいと心配だったけれど，やってみるといがいとかんたんでした。とってもきれいに仕上がってよかったです。次に奈良公園に行き大きな大仏やシカなどを見てきました。奈良公園に入ったことがあり，その時は，シカのえさだけあげました。

　でも，今日は大仏の所にも行けたのでよかったです。大仏は，自分が思

っていたよりも大きかったのでびっくりしました。そして，次の日，まず
は，班に分かれて，タクシーに乗りました。私は，国際平和センターだっ
たので，そこに行きました。平和センターは，戦争のことについて，くわ
しく展示しているところでした。私は，そこで「戦争はこわいな」とつく
づく思いました。平和センターの次に行った所は，ユニバーサル・スタジ
オ・ジャパンでした。私たちの班は，ごはんも食べずに，初めジョーズに
向かいました。とっても楽しかったです。

自分には何ができるだろうか？

中学３年　Ｙさん

　私は，ありふれた事を書くのは，あまり好きではない。しかし，あえて
平和公園で学んだ事など平和について書くのは，そこしれぬ使命感に苛ま
れた為である。

　３月14日平和記念像を背景に，創作演劇ドラマを演じる。ここまでた
どり着くのに，本当にたくさんの事があった。怠けそうになったりもした
が，今考えると自分がやった一つ一つの事に，深い意味があったような気
がする。「戦争を忘れる事は，本当に平和なのか」という最初のテーマを
見たときから，私は何かを捜し求めていたのかもしれない。

　誰もが，いつかは死ぬ。でも，死ぬのは怖く苦しいもの。そして，平和
を愛する全ての人は戦争と，切っては切れない存在にある。このことを修
学旅行で学んだ。と，少し前まではそう思っていた。でも多分それは，た
だのカッコ付けにしかなっていなかっただろう。そのような大きな事を考
える前に，まず自分の身近な所から考えなければならなかった。そう，自
分には何ができるだろうか。ということを……。

　まだその答えは，見つかってはいない。けれど，これから一生懸命探し
ていこうと思う。

第1部　基本形理解編

● 方法E：実験手順や調べ学習の達成ポイントの提示

（1）想定している場面

　理科の授業であれば，実験の手順を確実に踏むことが重要であり，テストで出題されることもある。家庭科の授業でも，裁縫や料理ならば，作業手順を守ることが大切である。社会科の調べ学習でも，パソコンの起動からインターネットの使用まで特定の手順通りで進めたほうが，効率的に資料にたどり着ける。このように特定の手順を子どもと共有し，それに沿った達成ポイントを設定して，学びを方向付けたいときにこの方法を用いる。

（2）事前準備

1．深い学びの学習課題を書き出す。

2．深い学びをさせるための実験（または実習や調べ活動）について具体的にイメージする。

3．そのような実験（または実習や調べ活動）に必要な備品や消耗品があることを確認し，なければ，揃えるようにする。

4．実験（または実習や調べ活動）における，手順や注意すべき点などを書き出す。

5．重要な手順と注意点を模造紙や画用紙に書き出して，黒板やホワイトボードに貼れるようにする。そして，ポイントの箇所は，付箋紙等で隠しておく。

6．手順や注意すべき点などを子どもが見落とすことがないように，その学習活動の途中で子どもに問いかける場面を考え，発問を考える。

（3）実施手順

1．課題誘発活動で学習課題の設定について子どもの興味関心が沸き立ったと判断した後，「……というこの学習課題を達成するために，実験（または実習や調べ活動）をしてもらいますので，その手順を踏んで進めてください」と述べる。

2．用意した手順と注意点の模造紙または画用紙を，黒板またはホワイトボードに貼り出す。

3．「隠した文字には何が入りますか？」と問いかけて，5分くらい後，子ど

もに発表させる。この際に，班単位で活動をさせる場合には，1人ずつ何かをメモさせた後，班内で話し合わせ，学級全体で発表させる巻末資料のアクティブ・ラーニングの技法7「考え－ペア－共有」を使ってもよい。

4．隠した文字は，重要なポイントであるので，詳しく説明した後，全体の手順や注意点を概観させる。

5．複雑な実験（または実習や調べ活動）の場合には，教師がモデルとして行って見せる。

6．実験（または実習や調べ活動）のまとめ方を指示する。またはまとめ方を記したワークシートを配布する。

7．実験（または実習や調べ活動）の後，これらの手順や注意点を踏まえたかどうか自己評価または班内で評価するので，しっかり取り組むように指示する。

（4）トラブル対処法

1．実験（または実習や調べ活動）の意義や手順や注意点への理解が不十分なまま取り掛かることのないように，この作業を行う意義や手順や注意点を模造紙に書く。その際に，遠くからでも見えるように大きく書き，重要な箇所には色分けしたり，絵や図で示したりする。

2．複雑な実験（または実習や調べ活動）の場合には，節目ごとに分けて，記す。

3．子どもたちが実験（または実習や調べ活動）の手順や注意点を守っていることを確認できるように，それらを記したプリントを作成して，配布する。

＜実践例＞

　第7章で紹介している小原崇裕先生の「物理基礎」の授業である。先生は，E-1に示すように，達成ポイントに関しては，知識に関わる説明内容と実験手順の2種類を設定して，子どもたちの班で自主的な学習を進めるようにさせた。そして，実験後，自分たちの班は，手順を踏んでいたかどうかということを自己評価させている。この授業では，「創造する」「省察する」などの抽象深化の動詞に関わる学習活動が行われた。

第1部　基本形理解編

探究の問い：よく回るコマの特徴は何か？	
学習目標： ・実験手順を計画し，実施しようとしている ・よく回るコマの特徴を説明しようとしている	
実験手順の達成ポイント	説明内容の達成ポイント
・予想する ・道具の使い方を考える ・道具を適切に使う ・重心を見つける ・適切な位置に板を付ける ・回った秒数をいくつも記録する ・結果を解釈する	・重心とモーメントに関するキーワードを説明する ・複数のキーワードを関連付ける ・復習のキーワードを用いてよく回るコマの特徴を説明する

E-1　説明内容と実験手順の達成ポイント

● 方法F：教師と子どもの願いを組み合わせた達成ポイントの集約

（1）想定している場面

　子どもと一緒に達成ポイントを創るつもりだが，「これだけは押さえておきたい」ことを子どもが出してくれそうにもない。そのようなとき，教師から達成ポイント案を複数示して，願いを示し，子どもからも達成ポイントの提案をさせる。そして最後に教師と子どもの双方の達成ポイント案のどれが必要かと問いかけて，絞り込む方法である。

（2）事前準備

1. 深い学びの動詞を絡めた学習課題を複数書き出して，そこから最適なものを選ぶ。

2. 学習課題を解決するためにどのような学習活動をさせたいのかをイメージする。

3. 学習活動において「これだけは押さえたい」という達成ポイントを複数書き出す。

4. 学習活動で必要な備品や消耗品を考え，それがない，または不足していれば，揃えておく。

5. 学習活動の結果を子どもたちが発表する際に押さえるべき点を箇条書きにする。これは，発表の技能である場合，学習課題を解決する内容知識という場合などもあるが，いずれにしても，これが授業中に子どもから出され

第3章　子どもと一緒に達成ポイントを創る

る達成ポイントの予想として役立つ。

（3）実施手順

1．課題誘発活動で学習課題の設定について子どもの興味関心が沸き立った後，「……というこの学習課題に取り組んでもらいますが，どのようになれば課題解決したといえますか？」と問いかける。

2．教師は，「学習の結果，これだけは押さえて欲しい」と述べて，複数の達成ポイントを黒板に書き出したり，パワーポイントで示す。

3．「あなた方は何を押さえたらよいと思いますか？」と発問し，子どもから様々な達成ポイントの案を出させて，出されたすべての達成ポイント案を板書する。

4．教師と子どもの双方から出てきた達成ポイントを確認した後，教師は，学習課題に照らしながら，これらの達成ポイントのリストからいくつに絞り込めるかを決める。

5．例えば，達成ポイントを5つに絞りたければ，「『これは重要！』と思う達成ポイントについて各自で3回挙手してください。その結果，多い順に5つの達成ポイントを決めます」と告げる。

6．子どもたちに挙手させて，6番目以下の達成ポイントは消して，5つの達成ポイントを残す。教師側が示した達成ポイントから少なくとも1つは選ばれるだろうが，そうでない場合には，子どもが提案し，選出された達成ポイント2つのうち類似のものを1つにまとめ，残る1つを教師が提案した挙手数の多い達成ポイントを5番目の選出分とする。

（4）トラブル対処法

1．教師が提案した達成ポイントを子どもが理解していない場合には，その内容を理解していなかったということであるので，わかり易く説明し直して，その意義深さを訴える。

2．子どもが出した達成ポイントについて，多すぎる場合には，達成ポイントを選ぶ際に挙手数の多い順に優先順位を付けて，もう少し絞り込む。

73

第1部　基本形理解編

<実践例>

　米田泰久先生（福井県立坂井高校）の高校物理「熱の伝わり方」の授業である。学習課題については，理由を「説明する」こと，および図示によって「翻案する」という関連付けの深い学びの動詞が使われた。

　1時間目は，「先生が引っ越してきて，お風呂を沸かそうとしたが，お湯が出ない。さあ，どうやって水を温めてお風呂に入るか？」という場面設定をして，子どもたちに解決策を話し合わせる課題誘発活動を行った。それに関連付けて，先生は，①鉄の棒を火にかざす，②水を入れたやかんでお湯を沸かす，③電気ストーブ，を例にして，①が伝導，②が対流，③が放射という3種類の熱の伝え方があることをパワーポイントで説明する。最後に，「これら3種類の熱の伝わり方が応用されたものについて伝導，対流，放射の観点から説明しよう」という学習課題を設定し，「班毎にこの課題を探求して，学級全体に発表してもいますが，どうなったらうまく説明できたといえますか？」と問いかけて終わった。

**3種類の熱の伝わり方が応用されたものについて
伝導・対流・放射の観点から説明しよう！**

どうなったら上手く説明できたといえる？
例）伝導・対流・放射を選んでいる。
　　伝導・対流・放射を選んだ理由が理解できる。

F-1 パワーポイントで達成ポイントを尋ねる

　そして，2時間目，先生は，パワーポイントのスライドをもう一度持ち出して，例として「①伝導・対流・放射を選んでいる」と「②伝導・対流・放射を選んだ理由を述べる」の2つの達成ポイントを示した。次に，子どもたちに「どうなったら上手く説明できたといえますか？」と問いかけると，次のような発言が出てきて，それぞれを板書した。

74

F-2　達成ポイントを生徒の挙手で決める

③ 大きな声で	⑥ 面白く
④ 相手に伝わるように	⑦ 写真とか図とか実物
⑤ はきはきと元気に	⑧ 相手の意見を聞く

　それから学級全員に①から⑧まで大事だと思うもの3つに手を挙げさせたところ，②③④⑦⑧の5つが多数を占めた。それで，先生は，「これら5つも達成ポイントとします」と述べて，班による探究活動に繋げた。

第1部　基本形理解編

第4章　深い学びを促す効果的な発問とは

　　若手教員のD先生は，自分が求めていた答えを引き出すために押さえたい内容をステップ・バイ・ステップで問いかけていった。そのため答えに辿り着いたときには，子どもから「ああ，そんなことか」という声があがり，感動が少なかったように思った。内容を欲張りすぎて，1つのことをじっくり深めることがなかったのである。山場がなかったので，盛り上がりに欠けており，山場を子どもに気付かせるのは難しいと感じた。
　　先輩教員から，「間」の取り方が短すぎると指摘されたこともある。発問しても，子どもからあまり反応がないと不安になったり，あせったりしてしまって，思わず早口になったり，話し続けてしまうようだ。間を置かないと，子どもは，頭の中で理解する時間がないので，学んだことが胸落ちしないままそのままになってしまうことは理解しているつもりである。同僚の若手教員の授業を見れば，それはすぐにわかるが，自分の授業になると，なかなかできないので困っている。

● 深い学びを促すための発問の役割

　普通，何かを知らないから，誰かに質問するのです。しかし，学校では，教師は，何かを教えたいから，子どもたちに問いかけますが，その際には，「質問」といわずに「発問」といいます。我が国では，教師主導の一斉学習の伝統が長く続いたために，発問研究が盛んに行われてきました。しかし，ペア学習が流行し，思考・判断・表現が重視され，これからは資質・能力が問われる時代になっても，発問は，重要な役割を果たします。そのためには，上のエピソードで「1つのことをじっくり深める」「山場」を設けることであり，その山

第4章 深い学びを促す効果的な発問とは

場を生み出すには，学習課題を設定することです。

　既に述べたように，学習課題の設定の前には，子どもの既知や興味関心を探る発問が大きな役割を果たします。「深い学びの全員達成授業モデル」の1コマ目の授業で展開される課題誘発活動では，発問は，学習課題に取り組む中でも使われます。2コマ目の授業で子どもたちが調べたり，実験し，資料を読み，発表したりする課題解決活動においても，教師の発問によって，子どもたちは思考を練り合うようになります。学習を子ども任せにすると，多大な時間を費やすようになって，教師が期待している事柄をカバーできません。

　このように発問には，様々な役割がありますが，「深い学び」の点からいえば，とりわけ，次の2つの場面での使い方が重要です。

　第一に，発問によって，子どもたちが**学習課題に取り組むための下地づくり**ができます。例えば，学習課題「中国の現状と比べて，高度経済成長期における四日市の公害とは何かを明らかにしよう」を提示する前には，教師は，中国の大気汚染の写真や映像資料を示して，「これは何ですか？」と尋ねたり，教科書を開いて「四日市公害って何ですか？」などの「低次の発問」をしたりして，学習課題を取り組む前提となる用語や語彙が理解できているかどうかという確認をするでしょう。図4-1に示すような，空気質指数のアジアのマップを見せて，「これは何でしょうか？」と発問して，子どもの興味関心を促すのもよいでしょう。それらを十分に行った後，この学習課題や主要発問に持ち込むのです。

　第二に，学習課題で何を解決するのかということに焦点化した後，**思考を広げたり，焦点化したり，深めたりする「高次の発問」**を投げかけます。最も高次な発問は，「なぜ〜か？」と本質や原因を問いかける Why 発問です。しかし，例えば，「なぜ四日市公害が起こったのでしょうか？」と発問しても，単純に高度経済成長期で企業が利益追求に走ったとか，重化学工業に傾斜しすぎたということだけではなく，大気汚染総量規制など法的整備が1972年までなされなかった点など押さえるべき事柄がたくさんあります。これでは，とても限られた時間内に中国の大気汚染の問題にまで「広げて」「比較」することができません。

　公害関係の法規制は，教師側から資料を示したり，補足説明して，「なぜ四

77

第1部 基本形理解編

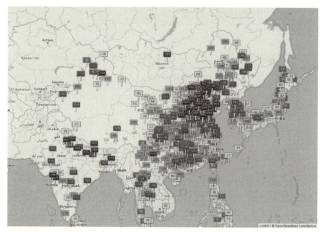

図4-1 中国の大気汚染：リアルタイム気質指数ビジュアルマップ
（http://aqicn.org/map/china/jp/　2018年2月20日所在確認）

日市公害が起こったのですか？」と焦点化した発問をしたほうがうまくいきます。すべてを子どもに解決をさせようとするのではなく，「これだけは考えさせたい」という事柄に絞り込んで，それを問いかける発問を考えることです。

このように発問には，表4-1に示すような低次と高次の発問があります。**高次の発問には，Why型だけでなくHow型も多用されていることに注目してください。**

ただし，発問をあまりにも細かくしてステップ・バイ・ステップで投げかけると，子どもは，そのステップに沿うことばかりに関心が向いて，伸び伸びした学習ができません。1980年代に発問を細分化して，子どもの発言を記録し，その教育効果を分析して，一般原理を引き出そうという教育工学研究が流行し

表4-1 低次の発問と高次の発問の例

低次の発問	高次の発問
・〜は誰ですか？ ・〜はどこですか？ ・〜はいつでしたか？ ・教科書のどこで〜のことを説明していますか？ ・〜について，どんな例がありますか？	・なぜ〜ですか？ ・〜についてどんな根拠や証拠がありますか？ ・〜についてどのような予想をしますか？ ・〜をどのように改善しますか？ ・〜について，どんなよりよい方法がありますか？ ・もしも〜なら，どうなりますか？ ・どうして〜がよりよいのですか？

78

ましたが，発問の前後における学びの文脈が重要であることが理解されるようになると，衰退していきました。学びの前後の流れ抜きに，教育効果を生み出すことはできないのです。

● 発問は教師と子どもの相互作用

　教師は子どもに発問しますが，子どもから返ってくる答えによって，授業の軌道修正をすることもあります。その意味で，発問は，教師と子どもとの間の相互作用なのです。本章の冒頭のエピソードのように，教師は，発問をした後，即座に子どもに挙手を求めて，当てるということになりがちです。研究によれば，子どもに応答を求めるまでの平均時間は，1秒以下であるので，子どもが考える余裕がないということ，また，学力が低い子どもの場合には，学力が平均やそれ以上の子どもよりも待ち時間が短いともいいます。教師の**発問から5秒間は待って**から，子どもに発言してもらわないと，子どもはよく考えて答えることはできません（Clarke, 2003, p.8 ; Black et al., 2004, pp.12-13）。

　さらに，私が大学教員になって間もない頃，教育実習生の研究授業を見せてもらい，その後，校長先生から「あれは，授業ではない。挙手させて，正解の答えだけを繋いでいるだけだから。授業とは，子どもの間違いも絡めながら，子どもと一緒につくるものだ」という話を聞いてハッとした覚えがあります。

　教師が発問して，わかったと思った子どもは挙手して，子どもが述べた正解を繋いで授業を行っている場面に遭遇することがあります。確かに，この方法なら，わかっている子どもや少なくともある程度は自信がある子どもの発言を繋げて授業をしていくので，教師の意図に沿ってスムーズに授業を展開することができます。しかし，挙手しない子どもは，わかっていないのですから，挙手中心で授業を進めると，ますます授業がわからないお客さんを拡大再生産していきます。

　イギリスでは，このような弊害を避けるために，子どもに挙手を求めないで，無作為による指名をすることが一般的です。**無作為指名**なら，すでにやっているという先生もいるかもしれません。例えば，今日は7月3日だから，名簿の10番，20番，30番の人というように指名するのも，机の列を一列指名して，順次発言させるのも，無作為の指名ですが，10番，20番……と指名していく

第1部　基本形理解編

と，「自分は名簿が25番だから，当たらないな」と予想して，考えなくなります。

　では，どうするのかというと，第9章で紹介しているように，**指名棒を使**
うことです。教師は，学級の子どもたちの名前を記した指名棒の束から無作為
に１つを取り出して指名すれば，学級の学びの平均的なレベルが測れます。
挙手は，子どもが疑問を感じた場合にのみ認めて，発問に対する指名は，この
ような「挙手無し指名」で授業の進度を適正化します。

　しかし，それは理想であって，学力差の大きな学級では，有効ではないとい
う意見もあるかもしれません。私がロンドンの小学校を訪問したとき，ある教
師は，基礎基本の確認のためには指名棒を使うが，思考・判断などを問う場合
には，挙手をさせるという使い分けをしていました。学力の低い子どもは，で
きる子どもの深い学びをモデルにして学ばせようとしていたのです。確かに，
同じ学級内に学力差がある場合には，そのような工夫も必要かもしれません。

　ところで，発問は，教師と子どもの相互作用といっても，教師は，子どもと
会話のような調子で話し合ってはいけません，教師は，子どもに**わかりやすい**
言葉で簡潔に話す必要があります。教室の後ろからでもよく聞き取れる声の大
きさで，重要な授業場面では，抑揚をつけたり，速さをゆっくりにし，子ども
の注意を集中させて，語りかけなければなりません。子どものちょっとした**つ**
ぶやきと関連付けて発問することもあってよいでしょう。そして，子どもたち
が教師の発問に対して間違った発言をしても，教師は，それを冷たく否定した
り，正誤の評価を下したりするのではなく，「教室は間違うところ」という気
持ちを忘れずに，子どもの**どんな学びの表現も受け止めて，表情豊かに対応し**
なければなりません。

◉ 閉じた発問を開いた発問に変換する手立て

　教師にとって，子どもの思考・判断を促し，深い学びに繋げる発問を考え出
すことはとても難しい課題です。教師は，あれもこれも教えたいという気持ち
が強すぎて，ともすれば明確な正解がある「閉じた発問」をしがちです。教え
たい知識や技能の習得に力点を置いた閉じた発問をして，ステップ・バイ・ス
テップで教師の意図した流れ通りに授業を進める傾向があります。つまり，教
師は，低次の知識や技能について問いかけ，子どもの答えの正誤を判定する授

80

第4章　深い学びを促す効果的な発問とは

業になっていることが多いのです。それでは，子どもが多様な見方をして，互いの学びを比べたり，批判して，考えを練り合おうとする対話的で深い学びの授業にはなりません。子どもにとって，教師は正解を知っているので，それに沿った答えを見出したいということが大きな関心事になるからです。

　では，どうするのかというと，次の5つの方法を使って，**「閉じた発問」**を**「開かれた発問」に変換する**練習をすることをお勧めします（安藤，2005，pp.68-74）。例えば，以下のそれぞれの表（表4-2から表4-6）の右欄を隠して，自分で開かれた発問を考えて，それから右欄の開かれた発問例を見てはいかがでしょうか。そして，このようにして生み出した**開かれた発問は**，子どもが取り組もうと思えるような**学習課題づくりのヒント**にさえなります。そこまでいかなくとも，開かれた発問は，子どもの多様な反応を引き出すので，課題解決活動で様々な考えを引き出すのに有効です。

方法A：多様な答えが出るようにする

　一番やさしい方法は，表4-2のように，事実や知識を思い出させる発問を多様な答えが出る発問に変えて，子どもから出た答えを板書したり，ペアを組んで討論したりさせることです。この方法は，国語や算数でよく使われます。そこでは，選択肢の中から正解を選ぶだけでなく，答えの理由も説明させます。理由説明では，子どもの最初の答えが批判されたり，修正されたりすることもあって，ディベートになるかもしれません。

　小学校低学年の子どもなら，この方法で基礎知識が身に付き，理由を説明する訓練にもなります。中学年や高学年の子どもなら，「考えが変わった」という発言があったり，参観者から「はじめは進度が遅いと思ったが，後にたくさ

表4-2　多様な答えが生まれる変換例

「覚えている事柄」を尋ねる発問	討論のために答えの範囲を示す発問
5の2乗は何ですか？	次のグループには仲間はずれが1つ含まれています。どれがなぜ仲間はずれなのかを説明しなさい。3，7，17，25，125
心臓によい運動はどれですか？	サイクリング，歩くこと，泳ぎ，スカイダイビング
植物の生長には何が必要ですか？	空気，水，ジュース，光，熱，土，ミルク

81

第1部　基本形理解編

んのことを学んでいると思った」という感想が寄せられたり，担当教師は，自分の想像以上に子どもがたくさんのことを知っていることに驚くかもしれません。

方法Ｂ：賛否を示して，理由を述べる

　その次によく使う方法であり，方法Ａの「多様な答えが出るようにする」よりレベルが高い方法です。表４-３のように，事実や知識を思い出させる発問をペアと討論させる発問に変えます。そこでは，子どもは，ペアに対して，自分の考えを弁護しようとして，丁寧に説明し，相手の話をしっかり聴いて，例示して，自分の論拠を強化するようにします。

表4-3　賛否と理由を述べさせる変換例

「覚えている事柄」を尋ねる発問	賛否と理由を述べさせる発問
どんな運動が心臓によいですか？	「どの運動は，心臓によい」という主張に対して賛成か反対か，そして，その理由を述べなさい。
どれが磁石ですか，そうでないですか？	「すべての金属は，磁石である」という主張に対して賛成か反対か，そして，その理由を述べなさい。
薬物は体に悪いのでしょうか？	「すべての薬物は，体に悪い」という主張に対して賛成か反対か，そして，その理由を述べなさい。

方法Ｃ：対立物や正誤を見つけて，その理由を述べる

　これは，表４-４のように，正否を問う発問を反対の例と共に示して，その理由の説明をさせる発問に変える方法です。このようにペア学習の相手と話し合うと，思考の方法をモデルとして示して，反論するようにもなります。

表4-4　反対例を示して，理由を説明させる変換例

「覚えている事柄」を尋ねる発問	反対の例を示して，理由を求める発問
どうすれば健康的な食事になりますか？	（絵や実例を示して）これは，どうして健康食ですか？／健康食ではないのですか？
植物の生長には何が必要ですか？	この植物は生長していますか？／この植物は枯れますか？
電気回線が通じるには何が必要ですか？	なぜこの回線は通じていますか？／通じてないのですか？
この文章を文法的に訂正できますか？	この文章はなぜ文法的に正しいのですか？／正しくないのですか？

第4章　深い学びを促す効果的な発問とは

方法Ｄ：はじめに「正解」を提示して，その理由を尋ねる

　事実や知識を思い出させるだけの発問から変換させるもう1つの方法は，表4-5のように，子どもに答えを言わせた後，その理由を説明するようにさせるものです。

表4-5　正解を示した後，理由を述べさせる変換例

「覚えている事柄」を尋ねる発問	最初に「正解」を述べる発問
接続する言葉を何といいますか？	「しかし」や「だから」のような言葉を「接続詞」といいますが，接続詞をなぜ使うのですか？
プラスティックの成分は何ですか？	プラスティックを使ったおもちゃは，なぜよいのですか？
$7 + 3 + 2 = ?$	$7 + 3 + 2 = 12$　どのような方法で，この答えを出したのですか？

方法Ｅ：正反対の立場から発問する

　これは，健康問題のように，社会的な問題や個人的な問題を扱うときに有効です。表4-6の右欄のような発問によって，子どもに少し違った観点から問題を考えさせます。

　ただし，教師がこのような開かれた発問をすれば，子どもから多様な意見が出てくるかといえば，必ずしもそうではありません。様々な意見を交わせるには，教師も子どもも**成長マインドセット**の考え方に立って，日頃から考えたり，行動したりしているという土台がしっかりと据えられている必要があります。学級経営を成長マインドセット中心に行って，子ども一人一人がチャレンジして，失敗や間違いをしながら，みんなで考えを練り合って，より質的に高い学びを目指そうという教育風土が根付いていなければなりません。

表4-6　違った立場から考えさせる変換例

「覚えている事柄」を尋ねる発問	他に取り得る立場を示す発問
なぜ盗みは悪いのですか？	子どもが空腹で，母親が万引きをしました。そのことについて，どのように考えますか？
喫煙の害は何ですか？	喫煙するかどうかは，その人が選択する問題ですか？
なぜリサイクルはよいのですか？	プラスティック製造業は，なぜリサイクルの促進に役立つのですか？

83

第1部　基本形理解編

　そのような学級の雰囲気を基盤にして，授業では，教師は**間違いを学びのきっかけにする**手立てを講じていきます。例えば，中学生が「走っている車からボールを落とすと，そのボールが手を離した地点の真下か後方に落ちる」という誤概念をもっているとしましょう。教師は，そのような生徒の発言を聞いたときに，「あなたは……と思うのね？」と広げたり，「それは，私が次にやろうとしていた答えです」と新たな思考の流れに繋げたり，「これは違う意見だね」と他の子どもに意見を集めたり，「その考えをちょっと後で取り上げるからね」と引き延ばしたり，「今は違う考え方になった？」と立ち戻ったりするような声掛けが大切です（Clarke, 2008, p.63）。しかし，それだけでも十分ではありません。主体的・対話的な学びをさせるには，**ピア学習の導入**が有効です。

● 注意集中のしかけと授業モデルの留意点

　1コマ目の授業の入り方として，第10章で述べるように，新しい単元では，子どもの既知や経験，興味関心を引き出して，課題誘発活動をさせて，学習課題に繋げる発問を投げかける必要があります。その際に，授業ユニバーサルデザインが推奨しているような**「10の教材のしかけ」**（表4-7）を使えば，子どもが思わず考え，話したいというような気持ちにさせられます（桂ほか，2016, p.16）。

　例えば，教材の中の重要な部分を隠しておくと，子どもたちは，「何だろう」と疑問をもちます。この方法を使えば，子どもたちに学ばせたい事柄に「焦点化」することができます。ただし，同じ仕掛けを多用して，飽きられることは避けなければなりません。

　もちろん，「焦点化」の前に，既習事項の「共有化」として前時の板書をテレビやスクリーンに投影させたり，思い出させたりする必要があります。その際には，子どもたちが知識や技能を習得して，学びの基盤を固めておくために，低次の発問を投げかけるのも有効です。

　それから，教師が設定した教育目標に関連した学習課題を設定して，「どのようになれば，この学習課題ができたといえますか？」と発問して，達成ポイントを子どもたちと一緒に創ります。「深い学びの全員達成授業モデル」の1コマ目でここまでできれば，2コマ目の授業で学習課題に関する深い学びを促

84

第4章　深い学びを促す効果的な発問とは

表4-7 10の教材のしかけ

1. 順序を変える	5. 加える	9. 配置する
2. 選択肢をつくる	6. 限定する	10. 仮定する
3. 置き換える	7. 分類する	
4. 隠す	8. 図解する	

す課題解決活動も円滑に進めることができるでしょう。

　課題解決活動が授業の山場となりますが，そこでは，子どもたちが学んだ知識や技能を発表して終わりではありません。発表者は，「これだけは伝えたい」という強い気持ちがあれば，どのように説得力豊かにわかりやすく発表するのかという工夫をします。子どもたちは，教師の高次な発問に導かれて，学んだ知識や技能を組み替えたり，再考したりして，学習成果に関するプレゼンテーションなどを行い，質疑応答もしながら，学び合いをします。学びの見える化が大切です。

　その際に注意してほしいのは，教師は，より多くの子どもに山場で全員に学習課題の達成をさせたいという強い思いを抱きすぎて，ともすれば山場に時間を多く割きがちです。全員達成の機会は，学級全体のまとめや一人一人の自己評価でも設けていますので，**山場を授業の中盤で終了することが「深い学びの全員達成授業モデル」を成功させる最大のポイント**です。

　そして，2コマ目の授業の終盤では，達成ポイントに照らして，学級の子どもたちの学びの出来・不出来を明らかにするように発問し，学習物など子どもの学びの成果を繋げてまとめを行った後，一人一人の子どもに自分の学びの出来・不出来について自己評価し，改善点もノート等にメモするように指示して授業を終えます。

● 主要な発問を厳選して

　主要な発問の数は厳選してください。例えば，1コマの授業時間で10の発問を投げかけようとすると，小学校では4分程度しか発問に対して答える時間がありません。中学校でも4分半程度です。とすれば，子どもの間違った発言や学びの表現から，より正しい事柄へと子どもと一緒に磨き上げることができなくなります。**主要な発問は，せいぜい1コマ当たり6つ以下に絞り込**

第1部　基本形理解編

むことをお勧めします。

　「全員達成授業モデル」の山場は，課題解決活動です。とはいえ，それぞれの授業においても，例えば，1コマ目の授業にも課題誘発活動の中に山場があるように思います。そのような山場がなければ，子どもたちは，学習課題を設定しても，課題解決に積極的に取り組もうという気持ちになりません。したがって，どの授業にも1つ山場を設定して，そこから逆算して，山場の前後の授業場面ごとに主要な発問を設定することです。その際に表4-8を参考にしてください。

表4-8　授業モデルにおける発問

授業場面	発問例
A. 課題誘発活動	（子どもの興味関心を沸き立たせながら）
① 事実や事象の提示	○○は何でしょうか？
	○○を見たことがありますか？
② 固定観念を揺さぶる	○○はどこにあるのでしょうか？
③ 疑問・驚き・矛盾などを感じさせる	○○から気付いたことはありませんか？
	○○で「おかしい」と思うことがありませんか？
	なぜ○○ですか？　その理由を考えていきましょう。
	どうすれば○○になりますか？　色々試しましょう。
B. 学習課題の設定	（課題解決に必要な知識や技能を押さえつつ）
① 課題の発見	学習課題で意味がわからない言葉はありませんか？
② 課題の問題点の整理と確認	学習課題についてアレッと思うことは何ですか？
	調べる（実験する）には，何が必要ですか？
③ 課題解決の計画	調べる（実験する）には，どのような手順を踏みますか？
	学んだ事柄をどのように発表しますか？
	学んだ事柄をどのようにまとめますか？
C. 課題解決の達成ポイント	（達成ポイントの6つの方法に対応させて）
① 課題解決時のイメージ	どのようになれば学習課題を解決したといえますか？
② 間違った例の提示	（間違った例を示して）これでよいと思いますが，どこかおかしいですか？
③ モデリング	やっていることの中で大切と思う事柄は何ですか？
④ 優劣の例の対比	どちらの例が優れていますか？　理由も言ってください。
⑤ 手順の提示	どのような手順で調べて（実験して）いきますか？
⑥ 互いの願いの組み合せ	これも大切だと思うのですが，どうですか？
	どのような手順で調べて（実験して）いきますか？
	このポイントも大切だと思いますが，どうでしょうか？

86

第4章　深い学びを促す効果的な発問とは

D．課題解決の学習	（開かれた発問で始め，徐々に閉じた発問に）
① 個別の追究への事実確認	どの資料（実験）でどんなことがわかりましたか？
② 複数の追究に対する比較	ここはわかりにくいです。どのようになっていますか？
	○○と△△を比べると，どうですか？
	どこが似ていると思いますか？
	どこが違うと思いますか？
	○○と◇◇はどのような関係ですか？
③ 学びの切り返しや統合	考えの基になったのは，どの資料（実験）ですか？
	なぜそのように思いましたか？
	○○の点から考えると，どのようになりますか？
	他に学んだ事柄で使えそうな事柄はありませんか？
④ 学びの結論と意味付け	□□と○○をまとめると，どのようになりますか？
	どのような結論になりますか？
	その結論の根拠（証拠）は確かですか？
	その結論は，どのような意味がありますか？
E．全体のまとめ―フィード　　バックと改善策―	（学習課題と達成ポイントに照らしながら）
① 学びの異同の見える化	これまでの学習でわかったことは何ですか？
② 出来・不出来の見える化	互いの学びを比べると，どういうことがわかりますか？
	達成ポイントに照らして，何ができましたか？
	達成ポイントに照らして，何ができなかったのですか？
	どのようなところが難しかったですか？
③ 不出来の改善策の提示	どのようなところができなかったのですか？
④ 課題解決の喜びの共有	不出来をできるようにするためには，どうしますか？
	不出来ができるようになって，どのように思いましたか？
F．振り返り―他者評価を介　　した自己評価と学びの向　　上―	（達成ポイントに照らして自他の学びを高める）
	相手の学びについて，どのような助言をしますか？
① ペアによる相互評価	各自の学びで何ができて，できなかったのですか？
② 出来・不出来の確認	各自の学びの不出来をどのようにできるようにしますか？
③ 不出来の改善策	各自の学びを今より高めるためには，どのようにすればよ
④ 学びの更なる向上策	いですか？

第4章

87

第1部　基本形理解編

● 授業場面に沿った発問と指示を

　資料や実験に関連して投げかける発問もあります。例えば，静止画像の資料であれば，表4-8のA①の「○○は何でしょうか？」と発問した後，巻末資料のアクティブ・ラーニングの技法3の「画像分析」に示した発問や指示へと繋げていけばよいでしょう。C⑥の「どのような手順で調べていきますか？」という発問は，実験の場合には，子どもの既知を生かすために「前の実験では何をしたの？」というような**補助発問をしたほうが有効**かもしれません。あるいは，「前の実験でやったことを振り返るために，ノートを見てください」という指示をするのもよいでしょう。この指示に「ノートを振り返って，隣の人と話し合ってください」というように，第9章で推奨しているピア学習に結び付けることもよいでしょう。このように特定の授業場面に即して**発問を洗練させ，必要に応じて指示も添えて**ください。

　もちろん，発問は，教育内容研究において何が重要かということを踏まえて，練り上げなければなりません。**小学校低学年では，子どもたちの発達段階に即した発問**にする必要があります。

　と同時に大切なことは，子どもたちの**「学びをできる限り見える化する」**ことです。主要な場面では，討論をさせても，口頭発表で終わるのではなく，小さなホワイトボードなどに書いて掲げて，学級全員に発表すれば，その内容の共有化に役立ちます。発問した後，その答えを一人一人の子どもにワークシートやノートに書くように指示した後，挙手を求め，発表させるのではなく，ワークシートやノートを実物投影機に映し出せば，あるいは，ワークシートなら黒板にマグネットで貼って，みんなに前に来るように指示すれば，互いの学びを共有し，批評し合ったり，付け足したりするような学びの展開もできます。そして，繰り返しますが，教師は，子どもの間違ったり不正確だったりする学びの表現も一概に否定するのではなく，**表現を丸ごと飲み込んで**，他の子どもの学びの表現と比べて，**他者のより優れた学びを見習おう**という方向付けをすることです。

88

第4章のチェック・テスト

問い 本章の内容を理解しているかどうかをチェックするための小テストです。次の空欄に適切な用語を入れてください。正解は，本書の最後に載せています。間違った場合には，本章の該当箇所を読み直して，あなたの理解を深めてください。

　発問は，教師が子どもの思考を（　①　）たり，広げたり，関連付けたりするために発する問いです。幾つかの発問を連ねることによって，子どもが息長く追究し，深く学ぶこともありますが，それでは，教師主導すぎます。新しい学習指導要領では，子どもが主体的・対話的に学ぶことを重視しているので，主要発問を埋め込んだり，呼びかけ風の（　②　）にその学びのきっかけを与えるようにしています。

　そして，（　②　）の設定の前後に発問を適切に位置付けておく必要があります。特に，授業の（　③　）から逆算して，発問を配置すると効果的です。その際に，誰・いつ・どこ・何などを問う（　④　）の発問と（　⑤　）の発問の使い分けをしなければなりません。ともすれば，（　④　）のような閉じた発問になりがちなので，子どもの思考を（　①　）たり，広げたりさせるために，（　⑥　）に変換しなければなりません。

　発問は，教師と子どもの（　⑦　）ですから，発問を効果的に使えば，必ずしも教師主導または子ども主導のどちらかに偏った授業にはなりません。

教員の取り組み

授業者

1．第4章で取り上げたキーワードは，次の通りです。

> 高次の発問，低次の発問，閉じた発問，開いた発問，授業の山場，相互作用，待ち時間，指名棒，挙手無し指名，学級風土

　これらのキーワードを組み合わせて，できるだけ内容豊かな文章を作っ

第1部　基本形理解編

てください。それによって，あなたがわかったかどうかをチェックすることができます。

2．子どもに深い学びを促すような題材または単元を選び，そこでの学習課題または主要発問をリストアップしてください。

3．列挙した学習課題や主要発問に沿って授業を進めていく場合，どこに授業の山場が来るのかということを考え，その実現可能性の観点から，学習課題または主要発問の優先順位を付けてください。

4．最も優先順位の高い学習課題または主要発問について，低次から高次までの軸になる発問を配置してください。

チーム同僚

1．第4章で取り上げたキーワードは，次の通りです。

> 高次の発問，低次の発問，閉じた発問，開いた発問，授業の山場，相互作用，待ち時間，指名棒，挙手無し指名，学級風土

あなたと同僚教師がこれらのキーワードを組み合わせて，できるだけ内容豊かな文章を1人1つずつ作ってください。

2．互いに書いた文章を相手に渡して，内容について批評し合ってください。そこから，本章についての理解度の十分なところと不十分なところがわかるはずです。不十分な場合には，本章を再度読み直して，理解を深めてください。

3．あなたが構想している学習課題及び主要発問と発問を同僚教師に見せて，学びの山場の点からの妥当性と実行可能性（準備物，費用，時間等）について尋ねてください。

4．学習課題に絡めた発問の順序に着目して，同僚教師からそれが妥当か否かということを尋ねて，もしも代替の発問案があれば，示してもらってください。

5．表4-8に示すように，同僚にあなたの授業を参観してもらって，「発問から見た授業評価票」を記してもらうと，あなたの発問の仕方の特徴を把握するのに役立ちます。

90

第4章　深い学びを促す効果的な発問とは

　第4章のチェック・テストで空所穴埋めが難しい場合には，次の用語を
提示して，選択式テストに代えてください。

深め，山場，低次，相互作用，高次，開いた発問，学習課題

●引用文献

安藤輝次（2013）「Clarke, S. の形成的アセスメントの実践的方法（その2）」，『関
　西大学文学論集』第63巻第3号，関西大学文学部。

桂聖・日本授業UD学会　編著（2016）『授業のユニバーサルデザイン　Vol.8』東洋
　館出版社。

Clarke, S.（2003）*Enriching Feedback in the Primary Classroom*, Hodder &
　Stoughton.

Clarke, S.（2008）*Active Learning through Formative Assessment*, Hodder
　Education.

Black, P. et al.（2004）Working Inside the Black Box, *Phi Delta Kappan*, Vol.86.
　No.1.

第1部　基本形理解編

第5章　全体のまとめ ―フィードバックと改善策―

小学3年算数「あまりのあるわり算」の授業で，14÷3の計算をおはじきで考えさせると，どの子どももおはじきが2つあまることに気付いた。17÷3の計算もおはじきでうまくできた。それで，次は，かけ算の九九を使ってやらせたところ，これもうまくクリアできた。

最後に，17÷3＝5…2の3と2を指さしながら，「この割る数3とあまりの2を見て，何か気付くことはないかな？」と尋ねたが，子どもからは何の反応もない。Y君は，「17÷3は，三五15で17から15を引いて2なので，5あまり2です」と答えるが，そのような答えを期待していたのではないので，私は「もしもあまり2が4なら，どうする？」と自分でも何を言っているかわからずに言ってしまった。そして，結局，「あまりが4なら4の中にもう1つ3があるよね。そうしたら6あまり1になって，おかしいよね。あまりは，割る数より小さくないとおかしいよね」と自ら答えを言って終わった。

● フィードバックの重要性

このエピソードは，「この割る数3とあまりの2を見て，何か気付くことはない？」という**不用意な発問**をきっかけに，子どもは，何を聞かれているかわからず，結局，教師が自分で答えを言ったという話です。このような学級でのまとめ方にしたければ，「17÷3＝4…5」という間違った問題をわざと出して，子どもから「5の中にもう1つ3があるから，おかしい」ということを引き出せばよいのです。間違った問題をみんなで考え，その正誤が分かれたり，そうでなくともこの**問題の解答が正しいと教師が言い張って**，それぞれの**理由**

92

付けを吟味して，**正解の意味を深く追究させる**手立てを講じることが大切なのです。子どもの学びの結果と繋ぎ合わせながら，自分の教えたい意図と絡めて，まとめをすることです。

　学習課題の達成を思い描いて創った**達成ポイントと今の学習状況とのギャップを確認し，改善策を講じること**を「フィードバック」と呼びます。教師が立てた教育目標は，他の教科や学年でも転移可能なように個別の文脈を除いており，子どもに示すことはしません。

　指導とフィードバックのどちらが重要かというと，教育目標を明確にして，しっかりと指導をするほうがフィードバックより重要です。フィードバックは，第1章で示した授業モデルの導入から結末に至るまで様々な場面で使われますが，**特に終盤のまとめの段階で重要**になります。教師が指導をしても，子どもは多様な学びをします。子どもは，教師の板書の丸写しをしているだけで，わかっていないかもしれません。指導をしても，子どもは，教師の意図以外のことを学んでいることもあります。だから，指導の途中や学びの節目でフィードバックをして，現在の学習状況を確認するのです。

　フィードバックは，**知識や技能を定着させたり，思考・判断を育成すること**に大きな影響を及ぼしますが，**フィードバックのタイプや量やタイミング**によって，効果があったり，なかったりします。例えば，**フィードバックを何度も行うと，**動機付けが低下します（Black and Wiliam, 1998）。子どもの学習成果そのものではない事柄を繰り返し褒める，つまり，フィードバックをしていくと，**「褒め殺し」になって，油断が生じ，学びが向上しません**（Dweck, 2006）。

　また，西洋の個人主義に親しんだ子どもは，自分に対する明確なフィードバックを期待しますが，アジアのような集団主義の文化で育った子どもは，個人へのフィードバックより**間接的で暗示的で集団に焦点化したフィードバックのほうが好き**です（Hattie et al., 2007, p.100）。フィードバックは，文化の違いによって，与え方が違うだけでなく，受け取り方も異なってくるのです。だから，本書では，欧米の研究を参考にしながらも，我が国における教育実践を経て確かな成果を得たものを繋いで，理論化をしています。

　フィードバックは，（a）**教師から子どもへ**行われますが，（b）**子どもから**

第1部　基本形理解編

教師へのフィードバックのほうが授業改善にとって有益な情報を与えてくれます。また，（ c ）**子ども同士のフィードバック**は，教師の目の届かない点や子ども目線で行われる点で有意義であり，子どもの自己評価から自学に向かわせる力になります。

● 形成的アセスメントにおけるフィードバック

　子どもの現在の学習状況は，学びの表現を通して確かめることができます。そのような表現は，閉じた発問なら正しい答えか間違った答えかということのチェックによって，**開いた発問なら，子どもの視野を広げたり，議論の筋道の矛盾を突いたり，判断や説明の根底にある前提を明らかにしたりすること**など様々なレベルで把握できます。また，ノートやワークシートの記述，絵図を描くことなどを通して，あるいは，小集団やペア学習後に発表させることによって，捉えることもできます。そして，現在の学習状況と学習課題から引き出した達成ポイントの間のズレを明らかにした後，次の授業改善に繋げたり，子ども自身の学習法を改善するのです。そのような行為が形成的アセスメントにおけるフィードバックです。

　クラークは，これまでのフィードバックとこれからの，つまり，**形成的アセスメントを採用したフィードバック**について，表5-1のように対比しながら説明しています（クラーク，2016，p.200）。

　「学習物」とは，子どもが学んでいく過程で生み出した学習の成果物だけではなく，失敗作も含むものすべてを指します。「これまで」のフィードバックは，教師が○×で示したり，気付いた点を評価言として記したり，指導したが，学んでいないという説明責任として位置付けられてきました。ペアで学習物の相互批評をしても，達成ポイントがないので印象レベルの意見しかいえず，次の改善のためのフィードバックにはなりませんでした。

　「これから」の評価としての形成的アセスメントのフィードバックには，次の４つの特徴があります。表5-1に対応させた数字を添えて説明しましょう。

　第一に，**主体的な学び**に関しては，教師だけでなく子どもも達成ポイントを使えるので，自分たちでも優秀な学習物を分析して，自らの学びに取り入れ（❶），他の学習物から良いアイディアや言葉を集め（❽），「十分満足」という

94

第5章　全体のまとめ―フィードバックと改善策―

表5-1　伝統的なフィードバックと形成的アセスメントのフィードバックの対比

これまで	これから
①授業の最後に最善の例を見る	❶よい例でなく，優秀なものを最初から見て，分析する
②急いでチェックして返す	❷授業の中で絶えず批評をする
③学習成果発表会などの後，教師が書面でフィードバックする	❸授業中に対話パートナーが協働してうまく学んでいるかどうかを確認し，不出来な点があれば，改善案を示す
④互いにコメントをするために子どもの学習物を交換する	❹子どもは，所定の時間に１つの学習物を協働で話し合う
⑤改善の仕方がわからない	❺任意の学習物を実物投影機で写して，改善のモデルとする
⑥自分の学習物を見せない	❻自分の学習物が学級で批評されることを楽しむ
⑦学習物を黙読する	❼学習物を自分で音読したり，ペア学習の相手に音読してもらう
⑧自分のすべての学習物を収納しておく	❽他の学習物からよいアイディアや言葉を集める
⑨学習物が「満足」のレベルであれば，そこで終わる	❾学習物が「満足」であれば，「十分満足」なレベルを追究する
⑩教師は気付いたことなら何でも，評価言として書く	❿どの学習物も悪いとはみなさずに，フォローアップすべきもの，肯定的影響があると思うものにコメントする
⑪コメントは説明責任の道具としてみる	⓫記号を使って，学習過程のすべての良い点と悪い点を知らせる（例えば，言語フィードバックは VF と称す，など）

第5章

より上の学びを求める（❾）ようになります。

　第二に，子どもは，自分の学習物について教師（❷❾⓫），ペア（❸❹❼❽），学級全体（❶❺❻❽❿）と様々なレベルで**対話的な学び**を行っていることです。

　第三に，教師は，深い学びの動詞を埋め込んだ**学習課題から引き出した達成ポイントに照らして**，発問したり学習物に照らし合わせたりしながら（❶❷❺❼❿），子どもたちに学びの現状を表現させ，達成ポイントとのズレを見出します。

　最後に，**達成ポイントを上回っていれば，より優秀なものを追究する**という雰囲気を醸成し（❾），学習過程における方向付けの情報発信をしながら（⓫），子ども一人一人の主体的な学びに繋げていくので，徐々に深い学びになるということです。

95

第1部　基本形理解編

> **Q5-1** 「学びの見える化」は，どうして必要ですか？
> **A5-1** 何らかの表現をしないと深い思考・判断を発揮したかどうかを確認できないからです。
>
> 　知識・技能を教えて，それをペーパーテストで評価すればよい時代なら，学びの見える化はそれほど重要視されませんでした。
> 　しかし，現行の学習指導要領において思考・判断が強調され，それを発展させた資質・能力が新しい学習指導要領でクローズアップされるようになると，ものを作ったり，発表したりする学びの見える化が不可欠になっています。学びの途上で達成ポイントに沿っているか否かを形成的に評価して，次の学びを方向付けたり，教師の授業改善に生かすためにも，子どもの学びを見える化する必要があるのです。

● 授業の節目でフィードバックする

　教師は，授業の中で時には即興的にフィードバックをします。子どもが当然知っていると思った事柄を知らなかったことがわかった場合，教師が「どうして……？」と問いかけます。休み時間中に「ここがわからない」と子どもが質問に来たので，詳しく説明します。これらはすべてフィードバックです。

　しかし，形成的アセスメントに基づく授業づくりでは，**授業の山場を中心とする様々な節目を見極めて，意識的にフィードバックをする**ことが大切です。そのためにフィードバックをするときと方法を念入りに計画します。

　例えば，高校2年生の物理基礎の単元「剛体に働く力」で次のような実践がありました。

　1時間目：力のモーメントと重心について教師主導で授業を行う。

　2時間目：「よく回るコマを作ろう」という学習課題について達成ポイントも設定して班ごとに実験をさせ，どうすればよく回るのかを検討させる。

　3時間目：コマの改良案を提示する。

　小原崇裕先生（当時，福井県立奥越明成高校）は，授業構想において，「よく回るコマを作ろう」という学習課題とその実験に関連したキーワード（①う

96

での長さ，②力のモーメント，③重心，④回転の中心，⑤質量，⑥ M = Fl，⑦作用線）を考えており，その実験手順と説明内容の達成ポイントも想定して，3時間目に班ごとの記録シートを配って，学びの現状を確認し，達成ポイントとのズレを把握し，指導改善に生かそうとしました。それを洗練させ，キーワードを少し変えて，実際の授業で使ったのが図5-1です。

　生徒は，この活動シートを班ごとに書いて，他班に説明して，質疑応答の中で不備に気付いたり，他班の実験結果に学ぶようになります。これが小集団によるフィードバックです。時には，教師が介入して，内容を理解しているか探りを入れる発問をしたり，補足説明をしたりもします。これが教師によるフィードバックです。

　そして，一人一人の生徒に「自己評価シート」によくわかった点とあまりわからなかった点を書かせた後，教師は，キーワードを中心に学びのまとめをし

物理基礎　活動シート　よく回るコマの秘密を解明して，他班に説明しよう

2年（　　）組　　班 No.（　　）

【記入法】
1. キーワードを用いて「よく回るコマの特徴」を説明する。
2. キーワードはいくつ使ってもよい。

キーワード

うでの長さ	力のモーメント	重心
回転の中心	回転	力の大きさ
質量	作用線	

（注意）回し方は，どの班も手をコマから見て垂直にして，同じ力で回すものとします。

	よく回るコマの秘密は？
①	
②	
③	
④	
⑤	

図5-1　班によるコマ改良の説明シート

第1部　基本形理解編

て授業を終えました。

　私が大学で担当する小学社会科教育法において，学生による3年社会「スーパーマーケット」の模擬授業では，1時間目で学習課題「商品のおき方の工夫を考えよう」の達成ポイントを①商品のおき方を提案できる，②その理由を示して発表できること，とし，2時間目の模擬授業で，ワークシートを使って発表させよう，と構想していました。ワークシートに記入させて，発表させるという場面がこれまでの学びの集約であり，わかっているかどうかを点検するのがフィードバックの場面です。そして，実際の授業では，商品のおき方を通して不十分な理解については，教師が前時を振り返らせながら，うまく補足説明して，授業を終えました。

● アクティブ・ラーニングによる学びのまとめ

　第一には，**学んだ事柄を応用する機会**として簡単な劇にして発表することです。巻末資料のアクティブ・ラーニングの技法4「役割演技」では，大げさな道具も装置も不要です。教室内の机や椅子を何かに見立てて，場面設定をすればよいのです。登場人物の設定と出だしのセリフを決めておけば，後は自由に発言させて，教師は，その出来・不出来を劇の後で観客役の子どもたちに尋ねて，学びの修正をしていけばよいのです。これは，ノートに書いたり，冊子化するような言語的表現とは違って，体全体で思いや感情も表現するという意味で，多面的な学びの機会になります。

　第二には，アクティブ・ラーニングの技法13の「3目並べ」を使って，これまで学んだ事柄のうち重要と思うキーワードを9つ選び出し，それをカードや付箋紙に書き出して，縦横3枚ずつ計9枚を黒板に掲示し，縦横斜めの3枚のカードを使って，学んだ内容を表現する文章を作ることです。

　第三には，一連の授業の最後に，達成ポイントに照らしながら，子どもたちが**学ばなかったことを振り返らせて**，アクティブ・ラーニングの技法11の「学びの一文要約」を書くように指示して、発表させることです。この技法は，**課題解決活動**では，教師は「これだけは」と思って教えたけれども，何人かの子どもは学んだと思っていない事柄をチェックする際に使うことができます。教えたが，学んでない場合には，教師が短く補足説明すれば大丈夫でしょう。

98

● 子どもを評価過程に関わらせる

我が国の学校では，**評価の客観性**が重視されてきました。だから，ペーパーテストを使って知識・技能だけでなく思考・判断までも評価しようという考え方が根強くあります。しかし，ペーパーテストは，ある時のある場所で学びを**「ワンショット」で評価**しているにすぎません。ところが，現代は，解がある問いに即答できる力よりも，多様な解がある中から広い視野に立って思慮深い適切な判断が求められる時代です。深い学びに裏付けられた深い思考や判断は，長期的で多面的多角的に評価しなければなりません。

とすれば，総合的な学習が始まった2002年頃のように，教師が各教科における学級の子どもの学習物を**ポートフォリオ**に収集して，成績評価に生かすようなことをするのでしょうか。当時，2学期制を敷いた小学校では，夏休みの大部分をその作業にあてたという話を聞いたことがあります。しかし，今なおそのようなことをしている学校はほとんどありません。多くのエネルギーを費やす割には，教育効果が少なかったからです。ポートフォリオは面倒だというのが通り相場になってしまいました。

では，どうするのかというと，子どもが達成ポイントを念頭に置きつつ，特別な**ノート指導を受けながら，自らの学習過程で生み出した学習物を評価し，教師にその評価情報をフィードバックする**ようにすることです。もちろん教師も子どもの学びの証拠を集めるのですが，子ども自身にも自らの学びの証拠を収集するようにさせ，ペア学習もしてもらうことです。そうすれば，評価に関する教師の労力は，軽減されます。生涯学習時代において，子どもに自らの学びを自ら評価し，次の学びを見出す能力を育成することができます。

「子どもに評価をさせる」と言えば，客観性の点から不安であるという教師も多いかもしれませんが，評価論では，客観性の問題より前に評価しようとするものをしっかりと評価できているのかという**内容の妥当性**が問われます。その点では，ノート指導による学びの証拠の収集が有効です。では，そこでの客観性はどのように保証されるのかというと，評価結果に関わる**利害関係者**（stake-holders）の評価情報のすり合わせをすることです。

> **Q5-2** 子どもの学習物を共有するための手軽な方法は？
> **A5-2** 実物投影機を使うことです。
>
> 　子どもが学びの過程で生み出した学習物のうち，例えば，班新聞や模型なら，学級全体に示したり，展示すればよいのですが，授業では，ワークシートやノートに記した学習物を学級全体で共有して，次の学びに生かすほうが多いでしょう。実物投影機は，このようなフィードバックをするための便利な道具です。
> 　実物投影機を使えば，教師が子どもの学習物を拡大したり，マーカーでチェックしたり，評価言を添えながら，学級の子どもたちに拡大して見せて，学びのモデルにすることができます。子どもが，自分の学習物を実物投影機で映し出し，相互評価をさせて，良い点と改善点を明らかにし，次の学びを方向付けることもできます。
> 　また，主体的・対話的な学びを授業時間内に収めるには，子どもたちの時間感覚も磨きたいものです。そのような際，実物投影機を使って，タイマーを大写しにすれば，子どもたちに経過した時間や残りの時間を確認するために役立ちます。
> 　私が使っている実物投影機は，エルモ社のMO-1で，左図のように収納し，右図のようにアームを上にして学習物をプロジェクターに映し出すものです。これは，わずか550gの重さの持ち運びに便利な優れモノで，やや暗い部屋でもランプも照射でき，500万画素なので，比較的鮮明に投影できます。
>
>

● ノート指導を通したフィードバック

　小学校の教師は，子どものノートに花丸や検印月日のスタンプを押すだけでなく，励ましのコメントを書いたり，褒めたりしてきました。このような実践

を丹念に継続して，子どもの小さな変化を捉えたり，子どもの興味関心を促したりして，はてな帳や成長ノートなどによって世に知られるようになった有名な実践家もいます。その日の授業で大切と思った事柄を記すことによって学力がアップしたという実践もあります（堀ほか，2014）。

しかし，主体的・対話的な学びのためには，教科指導においてこのようなノート指導を行う必要があります。それを痛感したのは，クラークの指導を受けたロンドンのシャリングハム小学校を訪問したとき，子どものノートに教師の指導やペア学習のコメントや評価が記号や色分けして記入してあり，ノートがフィードバックの基地になっていたことを知ったときです。学級担任制の小学校だけでなく，教科担任制を取る中学校や高校においても，ノートづくりを授業に位置付けながら，子どもたちの主体的・対話的で深い学びを引き出していただきたいと思います。

私は，大学の教職科目の授業で受講生にノートの使い方をさせています。その特徴を挙げると，次の6つにまとめることができます。

第一に，見開きの**左ページが教員のページ**で，板書内容を記したり，配布資料を貼ることとし，**右ページが受講生のページ**で，板書に関して気付いた事柄をメモしたり，絵図を描いたり，反省点を書いたり，ペア学習や小集団学習の学びや振り返りを書くようにしています。

第二に，**授業の最後には，学んだ事柄を1行で書かせる**ようにします。ノート点検があるといえば，感想でもわかった事柄でも細かな字でびっしり書く場合がよくあります。しかし，大切なのは，書いた量ではなく，書いた内容の質なのです。短くポイントを書くのは，要約の訓練にもなります。もう1つ大切なことは，せめて学んだ事柄1行を大きくはっきりと書くように指導すると，実物投影機に写して，全体の学びの共有もできます。なお，時間がなければ，一連の学びの節目にノートの最初のページに貼り付けた図5-2の学びの一覧表に書かせます。なお，これは，本書の最後に掲載したアクティブ・ラーニングの技法11「学びの一文要約」にヒントを得て案出したものです。

第三に，**緑色は肯定，黄色はやや疑問，桃色は否定の意味である蛍光マーカー**でノートの記述内容について教師評価や相互評価をしています。

第四に，ペア学習の場合には「ペ」，小集団学習では「小」，振り返った事柄

第1部　基本形理解編

私の学びの歩みを振り返って

学籍番号　　　　　　　　　　　　氏名

授業内容や配付資料だけでなく，自分で調べたり学んだりした事柄もあれば，記してください。

日／月	題名	内容（変化した原因も記す）

図5-2　学びの歩みを振り返る一覧表

には「省」という**記号を入れて，右側のノート記述の内容を明示**していること
です。教師の強調点の違いによって，空白に新たな記号を作ることもできます。

　第五に，一斉指導に慣れた教員にとっては，小集団学習よりむしろペア学習
のほうが導入しやすいので，【自分やパートナーへのコメント】として，「！」
や「？」や赤のボールペンを使うなどをして，はっきりわかるようにしていま
す。

　第六に，**教員のコメントは＜　　　　＞の中に「！」や「？」の意味だけでな
く，点検のポイントを明示しています。Ⓐの**正確な内容把握**はもちろんですが，
Ⓑの**ユーモア**があるか，Ⓒ**個性が出ているか，Ⓓ自分の言葉で書いているか**，
がユニークかもしれません。実は，これは，有田和正氏のノート指導に学んだ
観点ですが（有田，1996，p.127），大学生でも楽しく，しかも深い学びのノー
トを書くことができるというのが授業実践を通した実感です。

　これまでは，教師は，教えて，評価する人であり，子どもは，学んで，評価
される人と考えられてきました。知識や技能をペーパーテストで測定して，通
知表に評定を記せばよい時代では，そのような授業でよかったのです。しかし
今は，子どもの知識や技能だけでなく思考・判断を表現させ，学びに向かう力

や人間性などの資質・能力まで評価対象にしなければならなくなりました。また，ペアや小集団の学習も含めた授業で**その都度，評価**をして，教師の授業改善や子どもの**学習の方向付けのために評価情報を役立てる**ことが求められています。子どもたちも上述のようなノートづくりが習慣となれば，これらの教育要求に案外うまく対応できるものです。教師がすべてをカバーするというような考え方を捨てて，子どもと一緒に授業を作ろうと思うことです。

第5章のチェック・テスト

問い 本章の内容を理解しているかどうかをチェックするための小テストです。次の空欄に適切な用語を入れてください。正解は，本書の最後に載せています。間違った場合には，本章の該当箇所を読み直して，あなたの理解を深めてください。

　フィードバックは，教師の設定した目標と子どもの現下の学びの（　①　）を見極め，（　①　）を縮小するために改善策を講じることです。その意味で，フィードバックは，評価と（　②　）という2つの役割を果たしています。

　教師から子どもへのフィードバックは，子どもの学びの向上に役立ちますが，子どもから教師へのフィードバックは，教師の（　③　）の情報提供になります。そして，子ども同士のフィードバックは，教師の目の届かない点に及ぶこともあり，また，子どもの（　④　）から（　⑤　）に繋げることもできます。

　フィードバックの方法としては，子どもの（　⑥　）指導の一環として使ったり，授業の節目でワークシートを（　⑦　）に投影して，学級で共有する方法が有効です。

教員の取り組み

授業者

1. あなたは，机間指導をしています。その間に子どもが授業内容を理解するための一番よい方法は何でしょうか。次の中から選んでください。

第1部　基本形理解編

　　　a．ペアで対話的な学びをさせる
　　　b．特定の気になる子どもの学びをチェックし，指導する
　　　c．1人の子どもを指名して，教室前で学んだ事柄を説明させる
　　　d．学級全体で授業を止めて，授業内容を思い出させたり，もう一度説明
　　　　させたりする
　　　e．授業の方向を完全に変える
2．授業中に達成ポイントを確認した後，無作為に抽出した子どもの学習物
　（ノートを含む）を写し出し，そこの考え方や方法が異なっていることを
　みんなに知らせたり，「この学習物のどこが良いのか？」「どこが悪いの
　か？」ということを学級全体で話し合ったりしてください。このようにす
　れば，一人一人の子どもは，自分の学習物の出来・不出来と改善方法に気
　付くことができます。

チーム同僚

1．無作為に選んだ学習物（ノートを含む）を同僚教員に見てもらって，その
　前後の授業の様子を説明した後，率直な感想を尋ねてください。
2．優れたノートと出来の悪いノートを見てもらって，どうすれば，出来の悪
　いノートを改善できるのかを話し合ってください。必要に応じて，ノート
　点検の記号を新たに決めてもよいでしょう。

　　第5章のチェック・テストで空所穴埋めが難しい場合には，次の用語を
　提示して，選択式テストに代えてください。

> ズレ，授業改善，指導，自己評価，ノート，自学，実物投影機

●引用文献

有田和正（1996）『新ノート指導の技術』明治図書出版。
クラーク，S．（訳：安藤輝次）（2016）『アクティブ・ラーニングのための学習評価法
　　－形成的アセスメントの実践的方法－』関西大学出版部。
Dweck, C.（2006）*Mindset : The New Psychology of Success*, Random House. キ

ャロル・S・ドゥエック（訳：今西康子）（2008）『「やればできる！」の研究－能力を開花させるマインドセットの力－』草思社。

Hattie, J. and Timperley, H. (2007) The Power of Feedback, *Review of Educational Research*, March, Vol.77.No.1.

堀哲夫・仙洞田篤男・芦澤稔也（2014）『自主学習ノートへの挑戦』東洋館出版社。

Black, P. and Wiliam, D. (1998) Assessment and Classroom Learning, *Assessment in Education*, 5（1）.

第1部　基本形理解編

第6章 振り返り―他者評価を介した自己評価と学びの向上―

　キーン・コーン，カーン・コーン。教育実習生のS君の授業は，授業終了のチャイムと同時に終わった。「やった。時間もちょうどだった」と授業後に感想を述べた。でも今なら，そうは言わないだろう。教師の説明で授業を終わるのではなく，子どもの相互評価を介した自己評価で終わって欲しいからである。

　ところが，私たちと一緒に授業研究をしている教師さえ，自己評価の時間をじっくり取って授業を終えることが難しい。その大きな理由は，フィードバックと改善策のときに子どもたち全員を達成ポイントに近付けようと思って，もう1つこのような手立てを講じてわかってもらう，これが駄目なら別の方法で，と時間を費やしすぎるからである。一斉学習でできるだけたくさんの子どもの力を引き上げたいと思うからである。

● 自己評価を介した改善に10分間を

　授業の終末では，一人一人の子どもは，学習課題に取り組んだ結果の出来・不出来を確認し，自分の補充的な学びや発展的な学びのための手立てを講じなければなりません。そのために10分間は確保してください。1コマの授業に占める自己評価と学びの向上の時間のウエイトは大きいです。**これがなければ，思考・判断の学力差**が生じます。知識や技能を身に付けたかどうかはテストでわかりますが，深い思考は，プレゼンテーションや報告書や討論などの学びの表現，つまり，学習物をチェックしないとわかりません。

　だから，2コマ以上の授業において主体的・対話的で深い学びをさせて，**最後の授業場面で自己評価と学びの向上の機会**を設けてください。熟達した教師

106

第6章　振り返り―他者評価を介した自己評価と学びの向上―

が知識の習得・活用の授業をする場合には，1コマで「深い学びの全員達成授業モデル」によって他者評価を介した自己評価と学びの向上まで行うことができます。しかし，そのような教師でさえ，1コマで深い学びをさせようとすると，時間不足となり，授業時間内に終了できませんでした。

学習物に関連付けてまとめる

　学習課題を示しても，その背後にある教育目標を明確にしていなければ，授業の終末における子どもの学びの表現に対する教師の対応が曖昧になり，期待したような学びになりません。特に国語や社会などで**正解が必ずしも明確でない授業**の場合には，子どもの発言や提案を何でも受け入れるようになって，**浅い学習になりがち**です。そのようなときには，授業の展開に応じて，本書末に掲載したアクティブ・ラーニングの技法6「四隅論拠付け」や技法9「ランキング」や技法10「意思決定」などを使うことをお勧めします。

　例えば，小学5年社会で，日本の水産業について，漁師が高齢化し，沿岸漁業者も減っていることを踏まえて，「漁師の高齢化問題をどう解決すればよいだろうか」という学習課題に取り組ませた結果，子どもから「お魚を食べようデー」を作るなどの提案が出てきても，それは思いつきであって，ほとんど実効性がありません。我が国全体における魚の消費量が減っている中で，このようなキャンペーンを打っても，あまり効果はないからです。持続的漁業の確立のために資源回復計画や漁場環境の保全や栽培漁業による資源確保，第6次産業化など具体的で実行可能な具体策を調べて，技法9「ランキング」を参照しながら，解決策の優先順位を付ける手立てを講じるほうがよいのです。

　学習課題に対する正解が明確である場合には，教師が「今日は……のことを学びました」など自分が教えた事柄を説明して授業を終わるようなことは避けてください。

　図6-1は，第3章の達成ポイント創りの方法E「実験手順や調べ学習の達成ポイントの提示」で紹介した高校の物理基礎の単元「剛体に働く力」（全3時限）の3時間目の授業の終末の様子です。力のモーメントと重心についてよく回るコマ作りをさせて，その実験結果に基づいて，よく回るコマの条件を班ごとにワークシートにまとめて貼り出した場面です。

107

小原崇裕先生は，班のワークシートに，重心を低くすることだけでなく，コマの質量を軽くするなど事前には予想もしなかった生徒の学びも褒めながら，糸を使った重心の求め方を紹介し，達成ポイントで用意したキーワードと関連付けて授業のま

図6-1 班学習のまとめ

とめをしました。このような進め方をすれば，子どもの学びと教師の意図の関連付けがあるので，わかりやすく納得できる授業になります。そして，最後に図6-2の自己評価シートを配って，わかった事柄とわからない事柄を書かせて，授業を終えました。

自己評価シート

2年（　）組　　名前（　　　　　）

テーマ：コマを作ろう

【手順】
① 「よくわかった」というA欄と「よくわからなかった」というB欄にそれぞれ1つずつ書きなさい。
② 「よくわからなかった」という欄について，隣の人に見せなさい。
③ もしも同じ班の人があなたの「よくわからなかった」について答えを知っていれば，説明してもらって，C欄に（　　　）さんの名前を書き，その答えを記しなさい。同じ班の人が答えを知らなければ，C欄は空欄で結構です。

A欄：よくわかった	B欄：よくわからなかった

C欄：同じ班の（　　　）さんに聞いて，わかった

図6-2 自己評価シート

● アクティブ・ラーニングの技法を使う

　子どもたちが**達成ポイントを自覚して，それに沿ったノートづくり**をしっかりやっていれば，最後の自己評価と学びの向上の場面で，次の2種類の技法を使うことができます。ただし，ノート指導は，小学校低学年では書く習熟度が低いので，小学校中学年以上からしか使えません。

　1つは，本書末のアクティブ・ラーニングの技法12「ペアでノートチェック」を参照しながら，**ペアで達成ポイントに照らして，交互にノートの点検**をやり，出来・不出来を確認し，相互評価をしてもらうことです。さらに相互評価の信頼性を高めるためには，2つのペアを合体させて，4人1組の小集団で相互評価をすれば，かなり正確に出来・不出来を確認することができます。教師は，子どもの目線で授業をすべきであるといわれますが，**子どもは，教師の目で学び合いをすることが大切**なのです。これは，本書ではノート指導において，授業の最後に「今日学んだ事柄で大切な点を一文で述べる」ことを習慣化させていれば，それほど難しいことはないでしょう。

　もう1つは，例えば，第5章図5-2で紹介した「私の学びの歩みを振り返って」のようなシートに子ども自身の学びの出来・不出来を確認し，できないことをどのように改善するのかということを書き出すようにさせることです。

　ノートの始めのページにこのような表を貼っておけば，学習の目次の役目も果たすことができて，振り返りが容易になります。なお，学びの出来・不出来は，学習課題を達成したかどうかを確かめる「達成ポイント」が判断基準になります。

　もしも振り返りの時間があまりなければ，アクティブ・ラーニングの技法11の「学びの一文要約」を使います。子どもたちに学習課題に取り組んだ結果を1つの文章に込めてまとめさせた後，教師は，この学習課題に関連したキーワードを挙げて，子どもたちの一文にそれがどのように盛り込まれているかどうかを検討させてもよいでしょう。技法「学びの一文要約」を変形して，「これからの学び」に焦点化して，子どもたちに，不出来をできるようにする学びの改善策を書かせるのもよいでしょう。

第1部　基本形理解編

Q6-1 授業の最後は，子どもに振り返らせればよいのですか？

A6-1 単に振り返るのではなく，達成ポイントと照らし合わせることが大切です。

　授業の最後に，子どもに振り返りを書かせて終わるという授業があります。問題は，振り返りの中身です。

　発問や資料等も絡めながら，子どもたちに深い学びをさせる学習活動をさせた後，第3章で述べたように，達成ポイントに照らして子どもの学びの出来・不出来を評価して，できなかった事柄については，改善策として，教師が補足説明をしたり，子どもに学び合いをさせる必要があります。

　それから，教師は，子どもの発言や学習物を使いながら，授業のまとめをした後，子どもに振り返りを書かせます。その際に，達成ポイントに照らして，自分の出来・不出来を明らかにしながら，不出来があれば，どのように改善策を講じるのかということを振り返りで記す必要があります。例えば，小学1年体育で，1コマ目に学習課題「力いっぱいはしって，おたがいのよいところ見つけをしよう」をどのように達成するのかと問いかけて，次の達成ポイントを子どもと一緒に創って，それらをワークシートに書かせました。①むりというまでがんばってはしる，②はしっているときおたがいのよいところをたくさん見つける，③ペアのよいところをまねする。2コマ目は，運動場に出て，ペアで様々なコースを走って，達成ポイントに沿って互いの良い点と悪い点を指摘させた後，全体のまとめとして，指摘をした内容を発表させました。低学年児でもここまでできるかと感心しました。

　そして，最後に「他者評価を介した自己評価」としてワークシートの達成ポイントの横に○×△を書かせて，授業を終えました。ここでの問題の1つは，時間が少なすぎて，教師は，気になる子などに対する指導ができなかったことです。もう1つは，記号や数字から得られる情報量は少ないので，例えば，走っている子どもの絵をワークシートに添えておいて，腕は○だが，足の運びは△などを記すようにしたほうがよかったということです。この学びの見える化によって，学びの到達度や変化が把握できます。そうでなければ，単なる振り返りになって，学びの向上にも役立ちません。

110

優れた他者評価を介した自己評価を

「評価は，究極的には自己評価である」といわれますが，より正確には，優れた他者評価を介した自己評価が必要であるということです（安彦忠彦，1987，p.211）。確かに，教師や学級の子どもたちがいかに公平に，しかも，その人のためを思って評価結果を伝えても，本人がそれを偏見なく受け取ることができていなければ，的確な他者評価でさえ生かされません。「自分のことは自分が一番よく知っている」といっても，自分の能力は限られているので，「自己教育で事足れり」と思っていては，たいした進歩は望めません（森隆夫，1988，p.23）。

そのため「優れた他者評価を介した自己評価」が必要なのです。ここにいう**「他者評価」には，教師や保護者からの評価**も含まれますが，最近注目されているのは，学級の他の子どもから受けるピア評価です。**「仲間」という意味であるピア**（peer）は，2人1組のペア（pair）も3人や4人の小集団でも，それより人数の多い小集団までも使われる「級友」を意味する言葉です。教師からは，耳にタコができるほど注意されていて，「またか」と思いがちな子どもでも，一目置いている級友から手厳しい評価を受けて，「こうするべきだ」と言われれば，「よし，ガンバろう」という気持ちになることも珍しくありません。また，他人のために学びの助けをしたり，提案したりすることは，「自分は人の役に立っている」という**自己有用感を育てる**ことになって，結果的には**成長マインドセットや自尊感情を育む**ことにもなります。

このことは，教員研修でも同じことがいえます。つまり，教員研修の場合には，ピアは，同僚教師です。もしも外部講師の感動的で為になる講演を聞いても，しばらく時間がたてば，「あれは，自分の学校とは違って，いい学校だから」とか「先生が優れているから，できるんだ」と思いがちです。ところが，同じ学校内の同僚から問題を指摘されると，本気になって改善をしようと思ったり，思ってもみなかった優れた点を示唆してもらえたりしたので，自信を得て「やってみよう」という気持ちになったという話もよく聞きます。

要するに，子どもと大人とを問わず，**自分と同じ境遇や立場の人からときには耳の痛い評価をしてもらっても，案外素直にその評価を受け入れ**，これまで

の物事を正そうという気持ちになるものです。ただし，学力も高くて誠実な子どもの中には，特に小学生の場合，**自分の学びの時間まで犠牲にして，ペアの相手に教えてあげようと熱心になってしまう傾向**があります。そのようにならないように，教師は，机間指導で気にかかるピアに気配りをしたり，**タイマーで時間を区切って役割を交代させる**ようにしてください。

子どもの自己評価は，自分の学習に関する情報を集め，省察する（reflect）過程です。省察するというのは，単に過去の学びを振り返るのではなく，**過去の学びを見据えながら，将来の学びを見通す**ことです。その際には，自分の学んだ知識や技能だけでなく学び方や思考・判断や表現や，学びに対する取り組み方についても評価する子どもも出てきます。そのような自己評価を優れたものとして掲示したり，発表したりすると，他の子どもたちは，主体的な学びの1つのモデルとして参考にして，自己評価力を高めることもあるでしょう。

第6章のチェック・テスト

問1 本章の内容を理解しているかどうかをチェックするための小テストです。次の空欄に適切な用語を入れてください。正解は，本書の最後に載せています。間違った場合には，本章の該当箇所を読み直して，あなたの理解を深めてください。

子どもたちが深い学びをするには，討論や報告書作りやプレゼンテーションなど学びの表現をさせなければなりませんので，予想外に時間を要することがあります。教師としては，予定外の時間をかける余裕がない場合には，一部の子どもが（ ① ）になっていると判断したときに，「まとめと自己評価」の時間に切り替えて，そこで他の子どもの学びに学びながら，自分の学びを深める機会とします。少なくとも，この時間は，（ ② ）程度は必要です。

学級全体における学びのまとめの基本は，子どもたちが学ぶ過程で生み出したノートやワークシートや作品などの（ ③ ）を（ ④ ）に照らしながら，不適切な点や間違いを訂正し，また，補足的な説明をしながら行うことです。特に小学校（ ⑤ ）以上でしたら，2人1組のペアでノートの点検をして

学び合ったり，「学びの一文要約」などの（　⑥　）の技法も役立ちます。

それから，子どもたち一人一人に自己評価させて，出来・不出来を今一度確認し，不出来な学びをどのようにできるようにするのかという（　⑦　）を講じることです。その際に，学級全体のまとめのときに使ったペアの評価を介した学びが役立ちます。

教員の取り組み

授業者
1. 学級の子どものノートやワークシートや作品などを参照して，一連の授業の最後に設けた「自己評価と学びの向上」の時間に何をするのかを構想してください。
2. 子どもたちと一緒に創った達成ポイントを念頭に，深い学びの点から優秀な学習物があれば，それを学級の子どもの自己評価の際の使い方をメモしてください。
3. ペアによる相互評価を介した自己評価をさせます。その際に，学力差の低い子ども同士の場合には，相互評価に甘さが出るので，ペアをどのように編成するのかを検討しておいてください。
4. 相互評価を介した自己評価の結果，なお改善を要する子どもに対して，その後の学習継続のために個別指導をすることができるかどうか，それが無理なら，どのような宿題を課すのかということを考えてください。
5. 本書全体を一読後，巻末資料のアクティブ・ラーニングの技法5「イメージマップ」を参照しながら，中央に自分が最も大切と思う概念を書き，それに派生して，キーワードだと思う言葉をウェブ式に書き出してください。そして，自分の興味関心の全体傾向を把握してください。

チーム同僚
1. 自分の学級で学力的に上中下の子どものノートやワークシートなどを同僚教師に見せて，達成ポイントを念頭に置きながら，学力の低い子どもには，どのような対処をするのかなどの助言を求めてください。

第1部　基本形理解編

2．同僚教師に改善を要する子どものノートを見ると，一連の授業でのつまずきの発見や他教科との連携を促すような幅広いコメントをもらってください。

3．授業者がアクティブ・ラーニングの技法5で作成したイメージマップを見せもらい，必要に応じて説明をしてもらって，その授業者の全体的傾向と強み及び弱みを指摘してください。

　第6章のチェック・テストで空所穴埋めが難しい場合には，次の用語を提示して，選択式テストに代えてください。

> アクティブ・ラーニング，深い学び，学びの改善策，学習物，達成ポイント，10分，中学年

●引用文献

安彦忠彦（1987）『自己評価－「自己教育論」を超えて－』図書文化。

森隆夫（1988）『自己教育の限界－教育A&Q－』ぎょうせい。

第7章　深い学びの実践事例

第7章 深い学びの実践事例

事例 1 　わずか 2 コマで深い学びを達成する

小学 3 年算数「あまりのわけを考えよう」全 2 時間
深い学び：「説明する」「比較する」「結論付ける」などの関連付けの動詞
山田稔子（鯖江市立中河小学校）

（1）学習課題を導く課題誘発活動

　授業構想の段階で教育目標を「あまりを切り上げて処理する問題やあまりを切り捨てて処理する問題を理解し，活用する」と定め，授業の冒頭では「あまりが出て，生活の中で困ったことはありませんか？」と発問した。子どもからは，「クッキー19枚を 2 人で分けると， 1 枚あまったので，お母さんにそれを食べてもらった」とか「わらび餅を 2 人で分けるのに， 1 個あまって，苦労した」という経験の発表があった。

　私自身， 3 年生は，今学期 1 人が転校して抜けて47人になって，体育大会の徒競走で 6 人ずつのレースをすると，あまりが出て困ったという話をした。そして，「何レースにしないとダメでしょうか？」と発問して，子どもから「47÷6＝7…5」の式と答えを出させた。その後，「7 レースが必要」という声も上がったが，「残った 5 人で走るためには， 6 人からなる 7 レースに 5 人で構成する 1 レースを加えて， 8 レースにする」という答えを引き出した。

　そして，図 7-1 のワークシートの問題 1 を解くように指示した。これは教科書（啓林館『わくわく算数 3 上』p.108）の問題をアレンジしたもので，あまりの処理についての考え方を子どもたちに記述させるようにしたものである。

　子どもたちには，まず個人で問題 1 に取り組んだ後，隣同士で確かめをす

115

第1部　基本形理解編

あまりをどうするか考えよう

1 30人の子どもが，ベンチ1きゃくに4人ずつすわっています。
みんなすわるには，ベンチが何きゃくいりますか。

＜考え方＞

式

のこり ☐ 人がすわるには，

_____ から，

あわせて ☐ きゃくいる。

答え ☐ きゃく

図7-1 導入の課題（ワークシートの問題1）

るように指示し，ピア学習をする。その際に，「互いにできれば，困っている
人を助けてください」というお願いもした。

それから，「式が30÷4＝7…2であり，あまりの2人が座るためのベンチ
が1つ足りず，もう1きゃくいるので，合わせて8きゃく必要である」とい
う答えを学級全体で出すことができた。

次に，図7-1と同様の形式のワークシートで問題2「はばが30cmの本立て
にあつさ4cmの本を立てていきます。本は何さつ入りますか？」を出し，あま
りをどうするのかを考えさせる。個人学習からピア学習を経て，全員で確かめ
をする中で，式と答えは「30÷4＝7…2」であり，私が「あまった2cmのと
ころには，本は入らない」と指摘すると，子どもからは，「2cm足りない」「本
は4cmだ」「4cmの本は幅が2cmより狭い」という発言があり，「本がもう1冊
入らないから，答えは7冊です」という結論に至った。

それを受けて，「問題1ではあまりがあったので増やしたけれども，問題2
ではあまりがあったのに減らした」ということを子どもと確認した。その後，
「今日の学習でよくわかったところとわからなかったところ，そして，誰かに
聞いてわかったら，ワークシートの下の欄に書きましょう」と言った。

116

（2）学習課題と達成ポイントの設定

それから，学習課題「問題によって，あまりをどうすればよいかを考えよう」を黒板に貼り，「この学習課題が解決できたっていえるには，何が大事でしょうか？」と問いかけて，次のような達成ポイントを設定した。

① 問題文を読んで，しつもんに気をつける
② 式・計算（九九，引き算），見直し
③ あまりをどうするかを考える。わけを言う
④ 友だちの意見を聞いたり，アドバイスをしたりする

③の「わけを言う」は，子どもたちからは出なかったので私から示したが，それ以外の達成ポイント①②④は，子どもたちと一緒に引き出した。

（3）課題解決活動を通した深い学び

ここでは，学習課題で「問題によって」というように，切り上げと切り捨てによって，答えが変わることに気付かせたい。その際に，達成ポイントの①から④を頭に入れながら，図7-2のワークシートに示した2つの問題を「みなさん，チャレンジしましょう」と言って，解くようにさせた。

ただし，切り上げと切り捨ては，前時と順番を逆にし，しかも「式」「答え」「わけ」の言葉以外に何も記していないので，難易度は高い。それで個別に取り組ませると，子どもから「えー」という声も上がった。

しばらく机間指導をした後，「困ったら達成ポイントを見てください」とか「前の時間に学習したワークシートを参考にしてください」と助言したり，「困っている人は，隣の人と相談してもいいよ。ノートを見て，前の学習を振り返ることもお勧めです」と言って，ペアで2つの問題の答えとわけを確かめ合い，時間があれば，他の子どもの手助けもするように指示した。間もなくすると，できたと思う子どもたちは，困っている子どものところに行って，アドバイスをする姿も見られた。この学校では，農家も多いという地域性もあってか，助け合いという精神は，子どもたちにも浸透しており，他者に助けを求めて学ぶということが日常的に行われているのである。

117

（4）全体のまとめ―フィードバックと改善策―

　机間指導でペア学習がひと段落したと判断したので，学級全体の出来・不出来を確かめるために，図7-2の問題アから子どもたちの挙手によって指名して，答えを発表させ，あまりをどうするのかと尋ねた。その結果，問題アについて「33÷4＝8…1」で，「1本ではテーブルを作れないので，あまりの1はなかったことにして，答えは8」ということを引き出した。問題イについては，「11÷2＝5…1」で，「6回運びます。あまりの1個を運ぶには，もう1回増やして，6回になります」ということになり，その式とわけを板書した。

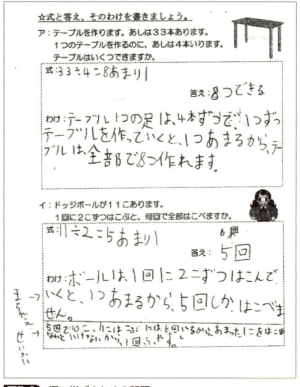

図7-2　深い学びのための問題

（5）振り返り─他者評価を介した自己評価と学びの向上─

　私は，「ここで本当に最後の最後です。もう1問チャレンジしてみましょう」と言って，教科書（啓林館『わくわく算数3上』p.109）の次の問題を解くように指示した。

> 問題3　みさきさんは，52ページの本を1日に6ページずつよみます。よみ終わるのに何日かかりますか。そのわけもかきましょう。

　もちろんノートには，「式」「答え」「わけ」など何も書いていないので，さらに難易度が高くなっている。そして，「あまりをどうするのか」に絞って，机間指導を行い，次にペアでの学び合いをするようにさせた。その際に「間違ったところがあれば，線で消して，正しいことを書き足しましょう。その他，気付いたことがあれば，書いてください」と指示し，時間があまれば，他の子どもを助けるようにも言った。そして，個別学習に戻し，「自分は間違っていれば，どこで間違っていたのか，わかったことをノートに書きましょう」と言って，数分後に授業を終了した。

　授業後に，算数のノートとワークシートを集めて出来・不出来をチェックした結果，例えば，図7-3のように，自力で正しい式とわけを書けた子どももいれば，図7-4のように，他の子どもに助けられてわけが書けた子どももいた。

　子どもたちにとって難しいのは，正しいわけを書くことであるが，その間違い方も図7-5のように，問題を全部読まないから，正しいわけが書けないことを自覚する子どももいた。他の子どもから達成ポイント①の指摘を受けたからではないだろうか。少なくとも図7-5の子どものほうが図7-4の子どもより間違いの対策をより明確に意識するようになっているように思われる。

　そして，授業後に学級全員の問題に対する出来・不出来を調べたところ，23名中19名が正解で，「式」「答え」「わけ」が正しく書けていた。誤答は4名で，正解だが「本当にはわかっていない」と思われる子ども，発達障害のある子ども，1コマ目はできていたが2コマ目になって迷いが生じて，正解に至らなかった子どもたちであった。

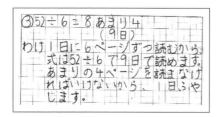
図7-3 自力で解けた子ども

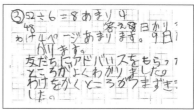
図7-4 他者に助けられて解けた子ども

図7-5 助言で間違いの理由もわかった子ども

● 山田実践に対する解説（安藤輝次）

　計算問題で正解を書けていても，実は計算の手続きを踏んでいるだけで，計算の意味はわかっていない子どもは多い。本事例でも正しい計算式を立てて，答えを出すだけならほとんどの子どもができている。子どもたちにとって**難しいのは，その計算の意味や答えの理由（子どもたちには「わけ」として示す）を説明できるようになる**ことであり，これは，そのような高次の学びにチャレンジした実践である。

　授業者の山田先生は，教職8年目で，数年前まで中学社会科の教員であった。したがって，算数は専門外である。そのようなこともあってだろうか，内藤義弘校長先生や研究主任の先生方と共同で今回の授業づくりを行った。私がそこで求めたのは，逆向き学習オーガナイザー（第3章参照）に記入し，1・2・3の授業チェックリストを使って（第1章参照），「深い学び」まで至るようにするということである。

　1コマ目の授業では，切り上げの問題1を学んだ後に，切り捨ての問題2を

学び，そこで学んだ事柄が本当にわかっているかどうかを2コマ目の授業で学習課題に取り組む過程で確かめ，あまりの扱い方を問題の問いに留意しながら判断するという展開であった。

　学習課題への取り組みの中で，子どもたちは，第2章で紹介した**深い学びの動詞のうち「説明する」「比較する」「結論付ける」などの関連付けの動詞**を使っている。平成27（2015）年度の算数の全国学力・学習状況調査（「全国学力テスト」）では，小学4年の「見積もり」が問題Bとして出題されており，日常生活の中で切り上げと切り捨てのわけを根拠付けて説明することは，子どもたちがつまずきやすいことがわかっている。小学3年の切り上げと切り捨ても，子どもにとっては難題なのである。

　主体的・対話的で深い学びについては，これまでほとんどは単元レベルで取り組まれてきた。単元にあてられる時間数は，例えば，本来は5コマ配当であるが，8コマもかけて，子どもたちは深い学びをしたという実践例が報告されている。とすれば，3コマの超過分を他の単元や題材で超特急の授業をして，埋め合わせなければならない。このようなカリキュラム編成は，現実には普通の学校の普通の先生にとって難しい。そのような伝統がないからであり，多忙だからでもある。

　したがって，もっと**簡単に深い学びを実現する方法論が求められている**。山田実践は，このような要請に応える1つの授業例であって，山場の課題解決活動を中盤で終えたことが成功の秘訣であった。子どもたちが1コマ目で教科書通りの授業で学んだ事柄を，2コマ目の学習課題で関係付けの学習をして，相互評価を介した自己評価によって少なくとも80％以上の子どもが深い学びに達した。しかも，図7-5の子どものように，他の子どもからの相互評価の中で，達成ポイント①を満たしていないと自覚し，今後の文章題を読み取る際に注意すべきこととして「意識化」するようになっている。それは，**学び方を学ぶ**ことになり，**持続的な学習**にも繋がる。

　もちろん単元の中で子どもたちに息長く探求させる学習課題を設定して，深い学びに導くほうが学習に対する子どもの動機付けが強く，深い学びを行った後の喜びも大きい。それによって，目を見張るような学習成果物を生み出すこともあろう。しかし，そのような大がかりな授業は，いくつかの優秀な学校を

第1部　基本形理解編

除いて，公開研究発表会や少なくとも校内研究授業のような場合に限られるのではないだろうか。

　新しい学習指導要領の下では，子どもたちに**深い学びをさせる授業を「日常的に行う」ことが求められている**のである。「どの地域のどの学校のどの子どもも」深い学びをしなければならない。授業以外に文書作成や校外の子ども対応や部活など多忙を極める状況下で，子どもたちに深い学びをさせることが求められているのである。私たちが人工知能や物事がインターネットで繋がるIoTの時代に生きていくためには，深い学びは必要不可欠であることは間違いない。

　とすれば，教師が最も期待することは，自分たちにとって**負担が少なくて，簡便に行うことができる授業法**である。教師が深い学びの授業を「日常的に」行うためには，1学習課題・2コマ・3フィードバックの授業が必要である。そうすれば，1コマ超過分を他の単元の授業で**1コマ短縮するというカリキュラム編成**も比較的簡単である。少なくとも深い学びのための授業法のオプションは多いほうが望ましいということは間違いないように思う。

事例2　リアルな学習課題を実験と絡めて全員達成

小学4年理科「直列と並列のつなぎ」全5時間
深い学び：「最初の原理で解決する」という抽象深化の学習
小池康一郎（鯖江市立中河小学校）

全体の授業計画

　単元「電気のはたらき」（全12時間）のうち，第2次は，模型自動車を用いて乾電池の直列と並列の回路の実験を行う予定であった。表7-1に示すように，最初に「乾電池で走る電車のひみつをさぐろう」という学習課題と達成ポイントの設定の時間を設け，最後に模型自動車の実験結果を踏まえながら，この学習課題を解決するような計画を立てた。

122

第7章　深い学びの実践事例

表7-1　指導と評価の計画（全12時間中の第2次・5時間分の計画）

学習活動	時間	評価
学習課題「乾電池で走る電車の ひみつをさぐろう」の設定と達 成ポイント創り	1	学びに向かう力（乾電池を使って大きな力を生 み出す方法に興味をもち，それを明らかにする ための学習計画を進んで考える）
直列つなぎと並列つなぎ（乾電 池2個をつなぎ，モーターが回 る回転の速さを調べる）	2	技能（2個の乾電池の正しいつなぎ方を意識し て回路を作成し，実験を進めることができる）
乾電池のつなぎ方と回路を流れ る電流の関係を調べる	1	思考・表現（乾電池が1個のときと2個を直 列・並列でつないだときの電気の働きを電流の 強さと関係付けて考え，表現できる）
深い学び（学習課題の解決のた めの回路図）	1	思考・判断・表現（乾電池で走る電車は，どの ような回路図かを判断し，表現する）

1時間目の授業から

（1）学習課題を導く課題誘発活動

　2014年11月3日，埼玉県立川越工業高校の3年生は，1.5Vの単1乾電池600本を使った約1tの手作り電車で2時間50分をかけて22.6kmを走破し，その後，ギネス記録に認定された。

　私は，プラレールの写真を対比的に掲示しながら，この電車のギネス挑戦の様子を録画した約10分間のテレビ番組を見せた。それから，隣同士で「今の映像を見て一番驚いた点は何か？」を話し合わせて，雨も降る中でたくさんの高校生が乗って，これを達成した事実を導き出して黒板に整理した。

（2）学習課題と達成ポイントの設定

　「乾電池で動かす電車のひみつをさぐろう」という学習課題を板書した。さらに，最後の学習では，「この電車のひみつをときあかそう」と呼びかけて，学習課題と最後の学習の間に「何をすればよいのでしょうか？」と発問し，映像を思い出すだけでなく教科書も見るように指示し，4人1組の小集団で話し合わせた。

　事前アンケートでは，学級のほとんどの子どもが理科は「実験が楽しい」ので「好き」「どちらかといえば好き」と肯定的に捉えている。しかし，「実験や観察に積極的に取り組んでいる」子どもが少ないということがわかっていたの

123

第1部　基本形理解編

で，子どもたちなりの考えや願いを達成ポイントとして組み込んだ授業を行いたいと思ったのである。

　班での話し合いの後，子どもたちからは，教科書（東京書籍『新編新しい理科4』pp.41-45）にある乾電池2個を直列と並列で走らせる模型自動車もざっと見ているので，プラスとマイナスを付けるとか，導線を繋ぐとか生活経験も交えた発言は出てくるが，プラスとプラスを付けるとか様々な考え方のパターンを板書して，最後に，教師側から「2つの電池の付け方を考える」を付け加えて，次のような達成ポイントを設定した。

---

① 　2つの電池のつけかたを考える

② 　かん電池を2つつけて車を走らせてみる

　・車に重さをくわえる　　・坂道を走らせる　　・速さをくらべる

　・検流計で電流の強さをくらべる　　・どこまで走るかくらべる

③ 　かん電池のひみつをとき明かす

　達成ポイントについて，子どもたちは，教科書に模型自動車の実験が載っているので，②を案外簡単に導き出したし，教師主導で学習課題を設定したので，③も自然に出てきた。しかし，教師側としては，学習課題に関して直列と並列の乾電池の組合せの必要性に気付かせたいのであるが，子どもたちは，まだ学習をしていないので，そのような考えは浮かんでこない。それで①の達成ポイントは，「2つの電池のつけかた」として，直列と並列のヒントを示唆するものとした。

5 時間目の授業から

（1）前時までの復習

　まず，前時の模型自動車の実験結果を電子黒板に写し出し，「Ⓐ乾電池2個の直列は乾電池1個より電流が強いから，模型自動車のモーターも早く回る，Ⓑ乾電池2個の並列と乾電池1個は，電流の強さが同じなので，モーターの回る速さも同じである，さらに，並列は『長持ち』」と書いた板書を復習した。と同時に，教科書（東京書籍『新編新しい理科4』p.45）を開かせて，この点

第7章　深い学びの実践事例

をもう一度押さえた。

　次に、「乾電池で動かす電車のひみつをさぐろう」という学習課題を示した。達成ポイント②の実験結果を踏まえて、「(a) 直列つなぎは、電流が強い、大きなパワーを出せる、(b) 並列つなぎは、電流が強くならないが、長持ちつなぎ」と板書し、子どもの発言と絡めて、(a) は「パワーつなぎ」と (b) の「長持ちつなぎ」を同じ黄色のチョークで書き、互いの違いを浮き出たせた。そして、その下に「乾電池で動く電車」と書き、「ⓐ1000 kg の重さが動く……パワー、ⓑ22.6 km 走る……長持ち」と記した。

（2）課題解決活動を通した深い学び

　子どもたちにワークシートを渡し、実際に電車で使っている乾電池600本を描くのは無理なので、(a) と (b) を踏まえて、乾電池20本をどのように組み合わせるのかということを各自で描くように指示した。その際に、乾電池のプラスとプラスまたはマイナスとマイナスを繋いでも駄目であること、模型自動車では乾電池2つを並列につないだが、もっと多くの乾電池を並列つなぎすると、さらに長持ちすること、もっと多くの乾電池を直列つなぎすると、さらに強力になることを図示しながら説明した後、約10分間、各自で回路図をワークシートに描かせ、机間指導を行った。

（3）全体のまとめ—フィードバックと改善策—

　私は、長持ちでパワーもある回路図を描いた子どもが3人いると告げ、もっと増えて欲しいので、全員が自分のワークシートを黒板に貼るように指示し、子どもたちは、互いの回路図でどこが優れていて、間違っているのかを確かめ合った。

　その間、個々の子どもの回路図を見て、「そうか」「意外やったな」「すごいね」「いいじゃん」などと声かけをして励ましたり、「ここも一緒だよ」と言って、注意を促したり、図7-6のように、直列の導線の一部に並列を入れ込んでも、電池1個が切れると、全体が切れるということをポインターで指しながら説明した。

　さらに、実際の乾電池を使った電車で多量の乾電池を配置した写真も見せて、

図7-6　回路図の間違いの指摘　　図7-7　ワークシートの学び合い

並列の並べ方は，両端がカバーで覆われていてわからないが，どの乾電池も同じ方向に並べられていることに気付かせた。これらの教師の声掛けや説明を聞いて，子どもたちは，図7-7に示すように，正解のワークシートに学びながら，自分の回路図を見直して，必要とあれば修正するようになった。

（4）振り返り─他者評価を介した自己評価と学びの向上─

　授業の残り時間が7分程度しかなかったので，次のような形で進めた。まず，学級全員が直列と並列のそれぞれの特徴を捉えて，両方入れようとした点を褒めたたえた。その後，図7-7のワークシートのように，早く正解を導き出した3人の子どもの回路図を電子黒板に映し出して正解の理由を説明した。

　そして，他の子どもの中で自分のワークシートに描いた回路図に間違っていることがわかれば，教えてあげたり，自分で手直ししたりするように指示し，今回のワークシートを授業後に提出するように告げた。男の子たちから「もう終わるの？　乾電池の電車を夏休みに作りたい」という声が沸き起こったのは印象的であった。

　さて，ワークシートを回収したところ，例えば，図7-8のワークシートの子どもは，全体のまとめの段階で他の子どもから間違いを指摘され，振り返りで修正して正解に達していた。また，図7-9の子どもは，図7-6と同様，間違った回路図を描いているが，「いらないところにつけちゃった」と書いているので，間違いの理由はわかっているとみなしてよいだろう。

　ワークシートによって学級全体の子どもの学びの達成度を確かめた結果，課題解決活動の段階で正解に達した子どもが5名，全体のまとめの段階で正解

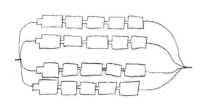
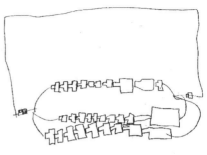

図7-8 他者に学んだ子ども　　図7-9 間違いの理由がわかった子ども

の回路図を見て，間違いを訂正した子どもが8名，他者評価を介した自己評価と学びの向上の段階で，模範例に対する私の説明を聞いて，間違いを直した子どもが5名で，計18名の学級全員が学習課題をクリアしたことがわかった。

● 小池実践に対する解説（安藤輝次）

　勤務校がある鯖江市は，伝統的に体操競技が盛んで，小学校教員8年目の小池先生も子どもの体操コーチを務めており，理科が専門ではない。それにも関わらず，電子黒板に板書を映し出し，次時の復習に使ったり，課題解決活動の際に，優秀な回路図をパソコンのカメラで撮影し，即座に電子黒板に飛ばして映し出すようなこともしており，ICTにめっぽう強い。私も，それに見習って，大学の授業で前時の板書を電子黒板やプロジェクターで映し出すことをしたが，そこでわかったことは，小池先生の板書計画がよく練られているということである。今回の授業でもそのような復習や押さえで，丁寧な授業が行われた。小池先生のもう1つの強みは，子どもの様々な発言に対して柔軟な対応ができるということである。今回の授業ビデオを現職教員に見てもらった際にもそのような声が多数寄せられた。

　この授業は，**「最初の原理で解決する」という抽象深化の学習**である。そして，1時間目の授業では，冒頭でプラレールを導入して乾電池の電車への誘い水に向けたり，学習課題と達成ポイント③の「かん電池のひみつをとき明か

第1部　基本形理解編

す」の間に大きな空白を入れて板書し，その間に他の達成ポイントを考えさせるようにした。また，5時間目の授業では，前時の復習や達成ポイントで何度も直列と並列の特徴を確認したり，全体のまとめ－フィードバックと改善策－でも間違いをさり気なく指摘して，授業最後の自己評価の時間に各自の間違いに気付かせようとした。教師のねらいに一気に向かうのではなく，子どもの発言や学びに即して授業を展開しようという姿勢が優れているのである。

　ただし，この授業をお願いした時点では，深い学びの質的保障をするために，最後の「他者評価を介した自己評価と学びの向上に10分程度の時間を残して欲しい」としか言っていなかった。後日，わかったことであるが，「山場は中盤までで終了する」という言葉を使えば，先生方が腑に落ちて，自己評価で出来・不出来の確認をして，不出来をできるようにする手立てを講じる時間的余裕も生まれるのである。したがって，正直な話，授業後しばらくたってワークシートを提出させたのであるが，失敗は成功の元で子ども同士の学び合いをするというという学級風土が根付いているからであろうか，学級の子ども全員がこの学習課題をクリアしたのである。

　子どもの深い学びの達成時期は，課題解決活動の「早期達成型」で5名，全体のまとめの段階の「失敗学習型」で8名，他者評価を介した自己評価の段階の「失敗快方型」が5名であって，誰1人「失敗挫折」せず，多数が学び合いながら達成したということである。しかも「乾電池電車を作りたい」と言う声も上がり，子どもたちの学習意欲は十分高まっており，子どもたちが実験に「積極的に取り組む」という教師の授業意図も達成された授業であるといえよう。

第7章　深い学びの実践事例

事例3　経験から入り，コマ作りを通して深く学ぶ

高校2年物理基礎「剛体に働く力」全3時間
深い学び：「創造する」「省察する」など抽象深化の学習
小原崇裕（福井県立奥越明成高校）

　この授業は，2016年2月に行われたものである。本単元では，力のモーメントについて考察し，科学的な自然観を育成することを教育目標として，学級担任ではない2年1組（23名，全員男子）で次のような授業を行った。

　　・1時間目……「力のモーメントと重心について学ぼう」
　　・2時間目……「よく回るコマを作るために必要なことを考えよう」
　　・3時間目……「よく回るコマの特徴を考えよう」

（1）学習課題を導く課題誘発活動

　学級内で腕力のありそうなA君を指名して，野球バットのグリップを握らせた。私は，先端を持って，逆方向に回転するように力を入れると，どちらが勝つかというパフォーマンスをして，「なぜ先端を持つと力の弱い者でも勝つのか？」と問いかけ，力のモーメントとは，物体を回転させる力であることを教えた。また，「スパナの力を大きくするために，どうすればよいのか」と発問し，車のタイヤ交換時のように，鉄の棒と組み合わせることに思いを至らせた。うでの長さや作用点の考え方を示し，「M（力のモーメント）＝F（力の大きさ）×1（うでの長さ）」という公式に繋げた。バットのグリップは，先端に比べて，バットの半径（うでの長さ）が回転の中心から短いから力のモーメントが弱かったのである。

　次に，「バットを横にして1点で支えてください」と言って，教室の前で生徒にやらせてみた。バットの先端とグリップの両端で力のモーメントが逆方向に働くことを気付かせ，重心と質量という言葉を導き，「重心の周りでは，力のモーメントは等しい」ことを教えた。

　そして最後に，今日の学習内容から9つのキーワードを書き出すように指

129

第1部　基本形理解編

示した。それを縦3枚横3枚ずつに並べて，縦横斜めいずれか3枚のカード
を使って，学んだ事柄をノートに記すように指示して，1時間目の授業を終え
た。なお，「3目並べ」については，本書末のアクティブ・ラーニングの技法
13で紹介されているので，それを参照されたい。

（2）学習課題の設定と達成ポイントの絞り込み

　1時間目の授業で生徒たちのノートを見ると，中心と重心の違いがわかって
いなかったので，「重心とは1点で支えることができる点である」ことを確認
した。それから，ノートで示された9つのキーワードのうち「回転」は「回
転の中心」，「力のモーメント」は「力のモーメント〔N・m〕」などと修正し，
「作用点」を付加して，表7-2のような3目並べの配置をパワーポイントで示
した。

表7-2 キーワードを使って3目並べ

うでの長さ	力のモーメント〔N・m〕	重心
回転の中心	回転	力の大きさ
質量	M＝Fl	作用点

　次に，軸を外したコマとそうでないコマの2つを回転させて，前者のコマ
はすぐに回らなくなることをパワーポイントの動画で対比的に見せた。

　そして，これから力のモーメントと重心の考え方を使って学習課題「よく回
るコマを作って，その秘密を探る」ことに取り組んでもらいたいと述べて，コ
マ作りの道具（厚紙，糸，セロハンテープ，粘土，竹串）を示し，作り方を板
書した。

　そして，「コマ発明のメモを残そう」と題するワークシートを学級内のすべ
ての班に渡し，15分程度をかけてコマ作りをさせて，工夫点と工夫の理由・
考察を書くとともに，1回目と2回目にコマ回しをした秒数を記録させた。

　自分たちで作ったコマを2度回して，よく回るかどうかも多少わかったと
思われたので，生徒たちにその過程で「何を見つけるためにコマ回しをしたの
か？」と問いかけたところ，重心という発言があった。「どのようにして重心
を見つけ出したのか？」と尋ね返すと，明確な答えが出てこないので，厚紙で

130

作ったコマに何度か糸を付けて作用線を引いた。複数の線の交差した点が重心であり，「重心を見つける前に何をしたのか？」と尋ねて，粘土で竹串を留めるという手順を引き出したが，最初の手順として予想するということが出てこないので，私からそれを指摘して，優れたコマ作りのための達成ポイントの絞り込みをしていった。なお，本来ならここで達成ポイントに集約すべきであったが，時間が不足気味であったので，それは次時で示すこととした。

そして，最後に，「これ以外に各班では，絶対に見逃すことができないことをやっているが，それは何でしょうか？」と問いかけて，生徒から「考える」「失敗」「発見」などが出た後，「話し合う」ということが出てきた。そのため，過去の偉大な発明家の発明の陰には「話し合い」があると題するパワーポイントを示して，これまで理科でやったことがあるペットボトルロケットでの飛距離の伸ばし方でも話し合いがカギになっていたことを気付かせ，3時間目の授業でも話し合って，考えの練り合いをして欲しいと要望した。ここまでが2時間目である。

（3）達成ポイントの設定

2時間目の授業終了後，ワークシートを見ていて，どうも基礎知識が乏しい生徒もいるので，竹吉睦校長先生と相談してキーワードを空所穴埋めで問う小テストを3時間目の冒頭に5分程度で実施することとした。ただし，図7-10からわかるように，キーワードの「作用点」を「作用線」に変え，「M=Fl」は除外した。そして，小テストは，コマ回しの効果を説明するための知識の共有化のために行うと述べ，隣の生徒同士で答え合わせをさせた。

次に，「よく回るコマを作って，その秘密を解明しよう」という学習課題をもう一度確認して，前時の話し合いを集約した達成ポイントを次のように示した。

第1部　基本形理解編

物理基礎　「力のモーメントと重心」のキーワードの意味を確認しよう！

氏名＿＿＿＿＿＿

【問題】①から⑧の空欄にふさわしいキーワードを下から選んで、書き入れなさい。
　　　　班で相談しても結構です。

うでの長さ	力のモーメント	重心
回転の中心	回転	力の大きさ
質量	作用線	

図1のように、物体を①　重心　を通る線に沿って
2つに分ける。

2つの②　質量　は必ず等しくなる。

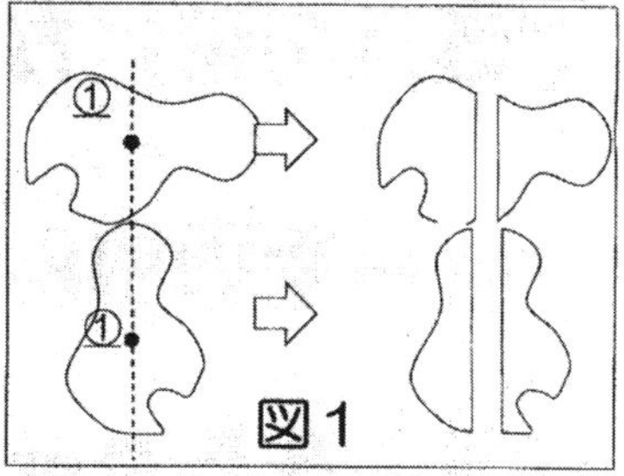

図2のように、コマは回っているとき、コマの軸が傾い
てもすぐに戻ろうとする性質がある。

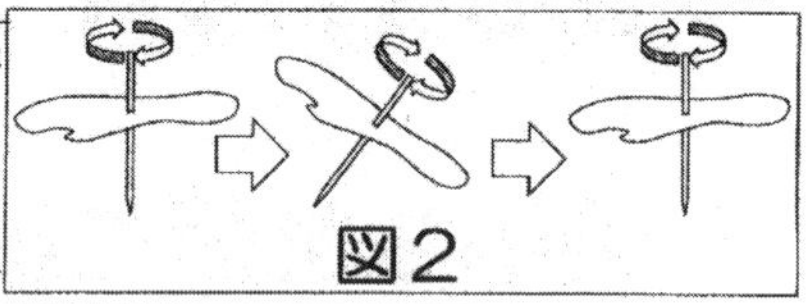

しかし、図3のように、コマが点Aを③　回転の中心
として傾いたとき、①に加わる重力によって、物体には
点Aを③とした④　力のモーメント　が生じる。

④とは、コマが倒れようと図3のように⑤　回転
する力の大きさのことである。

④は、⑥　うでの長さ　×⑦　力の大きさ　で表す
ことができる。

⑥は、点Aと①に加わる力の⑧　作用線　との距離の
ことである。

すなわち、コマが倒れようとする④は、⑥が長いほど
大きいことが分かる！

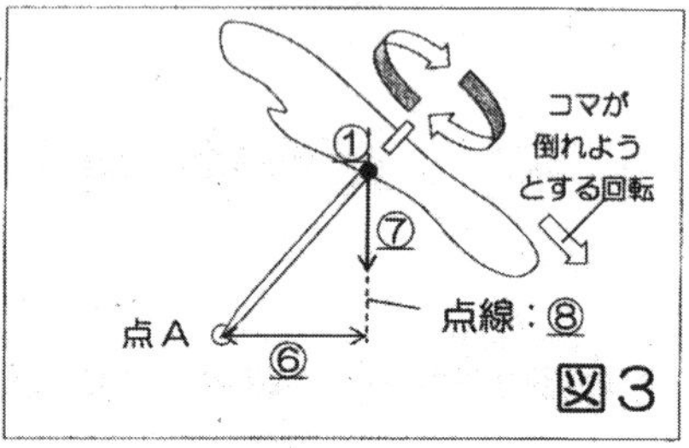

図2

図3

点A　⑥　　点線：⑧

コマが
倒れよう
とする回転

⑦

図7-10　学習課題に関する知識定着のための小テスト

132

第7章　深い学びの実践事例

実験手順の達成ポイント

① 予想する　② 道具の使い方を考える　③ 道具を適切に使う

④ 重心を見つける　⑤ 適切な位置に板をつける

⑥ 回った秒数を記録する　⑦ 結果を解釈する

説明内容の達成ポイント

① 重心とモーメントに関するキーワードを説明する

② 複数のキーワードを関連付ける

③ 複数のキーワードを用いてよく回るコマの特徴を説明する

（4）課題解決活動を通した深い学び

　キーワードを使って，「よく回るコマの秘密」について班内で話し合わせ，その結果を A3 判のワークシートに記述させた。それから，10個の班のワークシートをパネルに貼らせたが，予想外に時間を要したので，結果的に本節（6）の学びの向上（振り返り）まではできなかった。

（5）全体のまとめ—フィードバックと改善策—

　第一に，4つ班のワークシートは，重心に着目しているが，他の6つの班は，重心に触れずに質量のみを秘密の理由説明に使っているので，重心が最重要であると説明した。

　第二に，図7-11の3班のワークシートにおける「コマの質量をカットする」という説明は，私自身も気付かなかった点である。「軸を垂直にする」という説明も優れていて，重心を低くするために粘土を付けたコマを作ったほうがよかったかもしれないと述べて，高く評価した。

（6）振り返り—他者評価を介した自己評価と学びの向上—

　これらの優れた班の説明を聞いて，他の班も学ぶ点も多かったように思う。そして，最後に，「わかった」事柄を書かせた結果，「まあまあわかっている」レベルには達していた。また，授業後，今回の授業に対して「1. 本当にそう

133

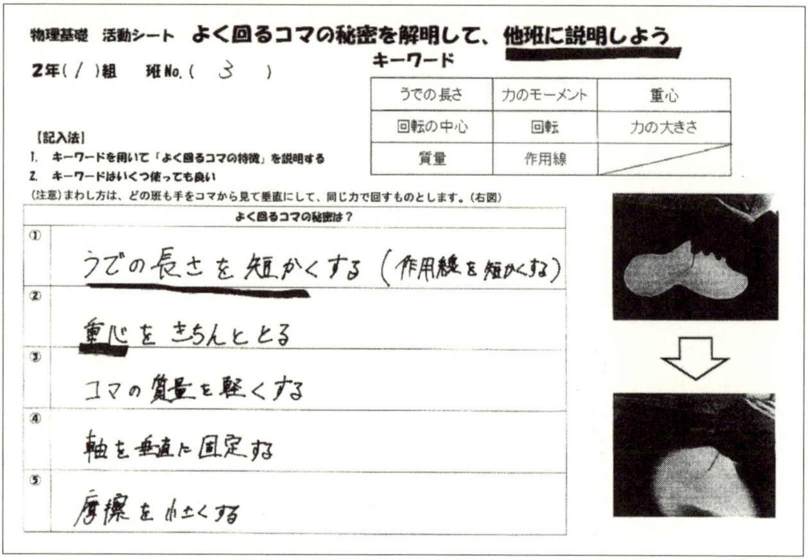

物理基礎　活動シート　よく回るコマの秘密を解明して、他班に説明しよう

2年(1)組　班No.(3)

キーワード

うでの長さ	力のモーメント	重心
回転の中心	回転	力の大きさ
質量	作用線	

【記入法】
1. キーワードを用いて「よく回るコマの特徴」を説明する
2. キーワードはいくつ使っても良い

(注意)まわし方は、どの班も手をコマから見て垂直にして、同じ力で回すものとします。(右図)

よく回るコマの秘密は？

①うでの長さを短かくする（作用線を短かくする）
②重心をきちんととる
③コマの質量を軽くする
④軸を垂直に固定する
⑤摩擦を小さくする

図7-11　教師も気付かなかった点を指摘した班のワークシート

思う」から「5．全然思わない」まで5件法でアンケート調査した。その結果,「小テストは，課題『よく回るコマの秘密を解明しよう』を考えるのに役立った」が学級平均2.00で,「2．そう思う」に相当しており,「この課題解決にキーワードが役立った」と「3時間目の小テストの説明はわかりやすかった」と「1人で考えるよりグループで考えるほうが学ぶことが多い」は，それぞれ2.03であり，標準偏差も1.05以下であった。**キーワードを明確にして教え**，それを**小テストで定着を図る**という手立てが，生徒による**学習課題の取り組みに有効**であり，生徒たちは，小集団による学び合いが役立ったと捉えていたということである。

小原実践に対する解説（安藤輝次）

この実践の半年前から小原先生（当時，教職3年目）の授業を参観させていただいているが，いつも楽しそうに授業をする姿が印象的である。今回の授業でも生徒の発言に対して「なるほど」とか「すごい」などの誉め言葉が頻繁に投げかけられ，**成長マインドセットに満ちた学級**ができている。先生自身も

「気付かなかった」とか「知らなかった」など**率直な反省や感想も吐露して，生徒たちから信頼されて**いることがうかがえる。生徒からみると，若くて興味関心も共通しており，兄貴分と映っていることも，授業の円滑化に結びついているのであろう。しかも，小原先生は，小集団学習の使い方が上手である。一人一人の生徒とのコミュニケーションも温かくて，柔らかい。そして，今回の授業では，よく回るコマを作るという**「創造する」**や**「省察する」**など抽象深化の学習に焦点化している。

　小原先生は，教材研究だけでなく教具研究にも熱心である。例えば，生徒の学習活動の**時間管理のためにキッチンタイマー**を使ったり，スマートフォンの時計を**実物投影機**に写したりして，どちらが効果的か試していた。今回は，逆向き設計に学んで，ノートやワークシートだけでなくアンケートも用意して，生徒の学びの証拠を把握しながら授業をするという点で大きな改善が見られた。私たち研究者の声に耳を傾けて，自分なりに摂取していく積極性がある。「3目並べ」というアクティブ・ラーニングの技法13にもトライする。

　ただし，今回の2時間目の授業後に竹吉睦校長先生を交えて反省会を行った。学習課題に関連したキーワードを全員が理解しているかどうかについてやや不安な生徒もいるので，3時間目の冒頭に小テストを実施しようということになった。案の定，事後アンケートの結果からわかるように，生徒は，学習課題のキーワードに焦点化した小テストが有益であったとみなしていた。確かに，校種が上になればなるほど，学習課題への解決に必須の語彙や概念を確認し，その定着を図る必要性は大きくなるように思う。

　ところで，これまで何人もの中学校や高校の先生方に「深い学びの全員達成授業モデル」にチャレンジしていただいたが，研究開発校や附属学校は別にして，小学校の教師ほどにはうまくいかない。というのは，**普通の中学校や高校の教師**は，説明的な教師中心型授業を日常的にやっていて，子どもたちのペア学習や小集団学習から学んだり，考えた事柄を学級全体に発表して子ども同士の考えと教師の意図とを関連付けて授業をつくるということ，つまり，子どもたちによる**主体的で対話的な学びを生み出していくことが苦手**なのである。だから，深い内容の教授はできても，子どもの主体的な深い学びを創造することが難しいのである。

第1部　基本形理解編

　小集団学習を導入しようとしても，予想外に子どもの学びの時間を要したり，事前準備が足りなかったりして，時間と努力をかけた割には，教育効果が高まらないので，説明的授業に逆戻ってしまうのかもしれない。この問題解決策として，第9章で**ペア学習から始める**ことを呼び掛けているが，**新しい学習指導要領は「学びの改革」**であることに留意して，ピアの教育機能を十分発揮させるために1カ月程度はチャレンジして欲しいと思う。

Q7-1 これらの実践例を読みましたが，それでどのような力が付いたのですか？　それをはっきりさせて欲しいのですが……。

A7-1 その力を様々な場面で使って，できていれば，力がついたと言えます。

　例えば次のような場合，どのような力が付いたといえますか。

　あなたが大勢の聴衆の前で自分の授業研究についてパワーポイントを使って初めて発表するとします。お偉い先生方を前にした発表で，緊張気味です。発表をするために，授業研究の目的，方法，実践の結果などをパワーポイントにまとめました。発表時間が15分と質疑応答が5分予定されています。

　授業研究の発表では，顔や背中に冷汗が流れて，それを悟られまいと，つい早口になってしまいました。質問もあって，興味をもっていただいたと思いますが，何を答えたのか，一生懸命であったことだけしか覚えていません。

　このような発表をする際には，自分の授業研究の成果をまとめる力，時間配分の力，パワーポイントにまとめる力，大勢の聴衆の前で話す力，質問に答える力などが発揮されています。

　さて，あなたはこのような経験をした結果，どのような力が付いたと自信をもっていえますか？　度胸が付いたと思うかもしれませんが，次に同様の機会をもらったときには，聴衆が関心をもってくれなくて，焦ったりするかもしれません。パワーポイントのまとめ方がわかったと思っても，次の授業研究は目的が違って，説明の仕方が難しかったかもしれません。声の出し方は，慣れたと思っても，前列に気難しそうな人がいて，気後れしたかもしれません。

　要するに，**1回の遂行（これを「パフォーマンス」と呼びます）によってその遂行の際に使った力が付いたかどうかということは簡単に判断できません。**いえ

136

第7章　深い学びの実践事例

ることは，どのような力を使ったかということです。例えば，**漢字や単語や地名を覚えるのなら，1時間でこれだけ覚えたといえる**でしょう。しかし，深い学びの動詞を使った学習課題では，そのような動詞を使う場面はあって，課題解決したということはいえますが，その動詞に関する深い学びが定着したかどうかは，異なる場面で何度も使ってみないといえないということです。深い学びの動詞を使った学習課題をして，この**課題解決の度にこんな力が付いたといっていると，上滑りの学習になりますので注意**してください。他方，深い学びの評価は難しいから，評価はしなくてもよいと即断しないでください。

　このような深い学びの動詞を入れ込んだ学習課題に取り組ませるのは無駄であるという主張も違います。同じような深い学びの動詞を同じ学年でも異なる学年でも繰り返し使うことによって，徐々にその力は付いていきます。この方法論として，第11章に述べるように，**深い学びの動詞を螺旋的に何度も使うようなカリキュラム・マネジメントが必要になる**ということです。

第2部
問題対処編

第 8 章	「失敗は成功の元」の学級風土づくり
第 9 章	学び合って評価する学習形態の導入
第 10 章	授業の始め方と終わり方のデザイン
第 11 章	カリキュラム・マネジメントの取り組み方

第2部　問題対処編

第8章　「失敗は成功の元」の学級風土づくり

　中学校の社会科授業を参観した後，私は，「先生，発問して，子どもから答えを求めるのにもう少し時間を待たなきゃダメです。それと発問して，答えが出なかったら，自分で答えているでしょう。もう少し，子どもに返すために，ペア学習などちょっと学習形態に工夫をしたほうがよいのではないですか？」と感想を述べた。

　すると，その先生の答えは，「いいえ，この学級の子どもは，授業で何かを考えるのは無理です。そんな高いことは望めません」ということであった。この先生は，社会科の知識も豊富で，「こんなことは知らないだろう」と言って説明や解説をしながら，時には脱線する話も上手で，子どもからの受けも悪くはない。しかし，子どもは，受け身的な学びであって，自分から進んで発表したり，質問したりするようなことはなかった。授業中に学び合うことは，まったく想定外のように感じた。

● 学級経営の絵本に学ぶ

　『教室はまちがうところだ』（2004，子どもの未来社）という絵本をご存知でしょうか？　作者の蒔田晋治さんは，中学2年生の学級担任をしていたときに，「こんな学級にしたい」という願いを詩にして学級新聞に載せました。それを第18回全国作文教育研究大会（1967年8月）の全体会場に貼って以来，教師の間で草の根的に受け継がれ，今では長谷川知子さんの絵を添えた絵本になって小学校から高校までの学級経営の手がかりにもされています。その一節（pp.22-26）は，次のようなものです。

140

> まちがいだらけの　ぼくらの教室
> おそれちゃいけない
> わらっちゃいけない
> 安心して　手をあげろ
> 安心して　まちがえや
>
> まちがったって，わらったり
> ばかにしたりおこったり
> そんなものはおりゃあせん
>
> まちがったってだれかがよ
> なおしてくれるし，教えてくれる。
> 困ったときには先生が
> ない知恵をしぼって教えるで
> そんな教室　作ろうや

　このように，子どもが学級で安心して何でも発言でき，**間違っても級友から馬鹿にされない環境**が必要です。小学校低学年，特に１年生が入学した時点では，みんなが競い合って手を挙げて，自分の発言が間違っていても平気です。でも，小学校高学年になると，正解がわかっていても挙手しない子どもが増えてきます。教師が発問をして，子どもから反応がないので，教師が答えるということが，小学校でさえ起こっています。中学校になると，間違った発表をすると，クスクスと小声で笑うようなことがあれば，それだけでその発表をした子どもは，委縮してしまって，次からは発表しようという意欲もなくしてしまうでしょう。

　子どもが**発表しなくなる理由**は，間違いを恐れること以外にもいろいろあります。学級における子ども同士の人間関係を気にして，発表しないのかもしれません。子どもが教師をリスペクトできないので，反抗的になって，授業に積極的に関わりたくないと思っていることもあります。

　とはいえ，間違いを恐れて，教室で委縮してしまう原因として最も考えられるのは，これまで失敗経験をたくさん積んできて，「自分はやっても無駄だ」

第2部　問題対処編

とか「みんなから馬鹿にされたくない」と思って，学習意欲が欠けている場合ではないでしょうか。確かに何もしなければ，失敗することはありませんから，困難な事柄にチャレンジしようという気持ちにならないのです。もしもやって，できなかったら，自分の力のなさがみんなにわかってしまうからです。

● 成長マインドセットのアンケート

　次ページの表8-1は，クラーク（Clarke, S.）の各種マインドセットの特徴付け（クラーク，2016, pp.26-27）に基づいて，アンケート調査ができるように改変したものです。「成長マインドセット（growth mind-set）」と呼ばれる物事への対処の仕方を尋ねることによって，失敗や間違いから学ぶような構えがあるのかどうかということを調べることができます。

　あなたの担当する学級の子どもたちにこのアンケートをやってみれば，勉強のできる子どもでも失敗を恐れて，チャレンジしないとか，テストの成績は高くない子どもが，失敗を重ねながら学び続けようとするという新たな発見がきっとあるでしょう。なお，福本義久先生（四天王寺大学）は，小学校中学年や高学年向けのアンケートを作成しました。それらを章末（pp.154-155）に掲載していますので，活用してください。

　間違った発表や発言を問題視し，正解にのみとらわれるような傾向は，教師自身にもあります。私は，大学に就職した30代の頃，教育実習先の校長先生が，「あの実習生の授業は授業じゃない。子どもの間違った発表を取り上げず，正解の発表ばかりを繋げれば，授業はスムーズに進むが，間違った子どもがなぜ間違ったのかということが吟味されないから，その子どもは学んでいない。授業は，教師と子どもでつくるものである」と言われたことを思い出します。もしも教師が授業で失敗せずに，予定通りに円滑に進めようとすれば，この実習生の授業とほとんど変わらないのではないでしょうか。

　さて，表8-1のアンケートのAからGまでの横の欄は，特定の観点からの異なる対処法を示しています。Aの左から右までの（ア）～（ウ）の3つの欄のうち，あなたの気持ちに一番合っている欄に○を付けてください。同じようにして，B以下の欄についても，左から右までの欄のうち「こうだ」と思った欄に○を付けてください。AからGまでの横に広がる欄のいずれかに○を

142

第8章 「失敗は成功の元」の学級風土づくり

表8-1 物事への対処の仕方（成長マインドセット）のアンケート

次の表のA～Gまでについて，「あなたの気持ち」は（ア）～（ウ）のどれに当たりますか？ 「こうだ」と思った欄に○を付けてください。

	（ア）	（イ）	（ウ）
A	前に成功した経験があることと関連していれば，挑戦をしてみる。	自分で実際にチャレンジすることはない。挑戦は避けるべきだと思う。	次の挑戦を楽しみにしていて，それに対する長期の計画を立てている。
B	間違いは，一時の失敗で，克服すべきである。学んだことを振り返って，それを手がかりにもう一度課題に取り組みたい。	間違いは，一時的な挫折と捉える。しかし，学んだ事柄を成功のために活用する方法がわからない。	間違うことは，失敗である。自分の力を超えるまではとてもやれない。間違いを隠したり，嘘をついたりする。
C	フィードバックは脅しであり，何とか避けたい。批判されたり，改善のためのフィードバックを受けても，そんなことをされれば，もうやめたい。	フィードバックと批判を待ち望み，それを自分の動機付けにする。フィードバックを参考にして，新たな方法をやってみる。フィードバックは，自分の学びの支援であると思う。	厳しすぎる批判や脅しでなければ，フィードバックを励みにしたい。フィードバックをする人，課題の困難度，個人的な気持ちは，自分自身の動機付けに役立つ。
D	やってみるけれども，大きな挫折を恐れて，本心はやめたい。得意なことなら進んでやる。挑戦するのに必要なやり方に耳を傾けるが，得意でなければ，めったに自分のやり方として使うことはない。	できることでもやらないし，なるべくやりたくない。学習目標や学習課題をやり遂げる仕方を知らない。あるいは，あまり効果がないやり方を使っている。	やってみる過程を楽しみ，これを機会に得意技にしたい。自分でやってみたり，計画を立てたりする。様々な方法を柔軟に使い，自分のやり方の一部に組み込んで，よりよいやり方を求める。
E	学習目標と学習課題にあまり辛抱強く取り組まない。取り組んでも，すぐにあきらめる。	励ましや支援があれば，辛抱強くやるが，困難を克服するやり方がわからなければ，あきらめてやめる。	「頑張って」学習課題に意欲的に取り組む。課題を終えるまで，自信をもって取り組んでいる。
F	課題の中でできると思うことには質問をする。それが自分の能力を越えていると思えば，たぶん質問をしない。	よく考えて絞り込んだ質問や自分なりの質問をする。学習課題や教師にさえ，挑戦しようとする。	自分は質問をしない。または，何を質問したらよいかわからない。質問されると，「知りません」と言う。
G	自信をもって学習課題に取り組み，間違いのリスクも負い，自分が作った作品を学級全体に発表して，共有したい。	よく知っている学習課題であれば，リスクを負ってもやる。そうでなければ，やり方をそのまま写し込むだけ。課題も部分的にしか取り組まない。	リスクを取らない。難しければ，何も書かなかったり，学んだ事柄をそのまま写したりする。新しいやり方を使ったり，学習課題に取り組んだりすることもない。

143

第2部　問題対処編

[アンケートの説明]
　このアンケートのAからGは，次のような観点です。
　A：挑戦する　　　　　　B：間違いに学ぶ　　　C：フィードバックと批判を受ける
　D：やり方の実行と適用　　E：忍耐と焦点化　　　F：質問をする　　G：リスクを取る
　そして，3種類のマインドセットの下にそれぞれの特徴付けをしているように見せています。
例えば，固定マインドセットは，表1に示すように，アンケートの記述1をすべて合わせたもの
と思い込みがちです。

表1

観点	固定マインドセット	混合マインドセット	成長マインドセット
A	アンケートの記述1	アンケートの記述2	アンケートの記述3
B	アンケートの記述1	アンケートの記述2	アンケートの記述3
C	アンケートの記述1	アンケートの記述2	アンケートの記述3
D	アンケートの記述1	アンケートの記述2	アンケートの記述3
E	アンケートの記述1	アンケートの記述2	アンケートの記述3
F	アンケートの記述1	アンケートの記述2	アンケートの記述3
G	アンケートの記述1	アンケートの記述2	アンケートの記述3

しかし，アンケートの記述の1，2，3は，好ましい記述内容を察して回答が偏ることを防ぐため
に，入れ替えています。固定マインドセット，混合マインドセット，成長マインドセットの正し
い特徴は，表2のようになっています。

表2

観点	固定マインドセット	混合マインドセット	成長マインドセット	変換済値
A	正しい特徴付け2	正しい特徴付け1	正しい特徴付け3	2
B	正しい特徴付け3	正しい特徴付け2	正しい特徴付け1	3
C	正しい特徴付け1	正しい特徴付け3	正しい特徴付け2	3
D	正しい特徴付け2	正しい特徴付け1	正しい特徴付け3	1
E	正しい特徴付け1	正しい特徴付け2	正しい特徴付け3	1
F	正しい特徴付け2	正しい特徴付け3	正しい特徴付け1	2
G	正しい特徴付け3	正しい特徴付け2	正しい特徴付け1	1

計13／7＝平均1.86

【あなたの回答を変換済値に設定して，あなたの特徴をつかみましょう】
① 表2を見て，あなたが○をつけた「正しい特徴付け」の番号をあなたのアンケート用紙の右
　端の変換済値に記入してください。
　　例えば，A欄の「固定マインドセット」の下に○をしていれば，それは，本当は「混合マイ
　ンドセット」の説明ですから，A欄の右端にある変換済値に2と記入します。その他の欄も，
　表2に示すように，同様に変換済値を右欄に記入してください。
　　なお，観点E（忍耐と焦点化）については，それぞれのマインドセットの正しい欄に文章説
　明が行われていますので，そのままの数字を記入してください。
② AからGまでの変換済値をすべて加えて，7で割って，平均値（小数第3位四捨五入）を出
　し，それをあなたの氏名の下に書いてください。表2の平均値は，1.86ということです。

(平均値の読み方)
　　2が中間値であり，3に近付くほど「成長マインドセット」に，1に近付くほど「固定マインド
セット」の特徴をもっているということがわかります。したがって，表2の平均値は1.86ですか
ら，混合マインドセットに近く，特にBとCが問題であると評価できます。

図8-1 物事への対処の仕方（マインドセット）のアンケートの集計の進め方

144

第8章　「失敗は成功の元」の学級風土づくり

付けた後，図8-1に示す方法で集計してください。

● 成長マインドセットと固定マインドセット

このアンケートは，ドゥエック（Dweck, C.）の**成長マインドセット**の考え方に基づいて作っています。マインドセット（mindset）という物事を判断する枠組みとして，頭が良い人と悪い人がいて，それは変わらないという**固定マインドセット**（fix mindset）があり，他方，やってみて出来・不出来を確認し，不出来を解消するための努力を払えば，誰でも伸びるという成長マインドセットがあり，その中間が**混合マインドセット**（mixed mindset）です。

固定から混合を経て，成長のマインドセットへと至る過程を確認してください。なお，固定マインドセットでいうパフォーマンスとは，外面的な事柄のみを強調した表現を指しており，パフォーマンス評価でいうパフォーマンスとは意味合いが違います。

成長マインドセットの考え方は，イギリスの小学校だけでなく中等学校でさえ，教科指導と教科外指導と関連付けながら導入され，自分は他者に役立っているという**自己有用感を通して自尊感情を高める教育効果を上げてきました。**物事への対処の仕方（成長マインドセット）のアンケートを「集計の進め方」の図8-1を参照しながら，固定マインドセット，混合マインドセット，成長マインドセットに並べ替えると，それぞれのマインドセットの特徴がわかりますが，ここでは，固定マインドセットと成長マインドセットの特徴をまとめた表8-2を紹介しておきましょう（クラーク，2016，p.24）。

表8-2 固定マインドセットと成長マインドセットの特徴

固定マインドセット（パフォーマンスの方向付け）	成長マインドセット（学習の方向付け）
知能は，変わらない	知能は拡大できる
私は，頭がいいように見えなければならない	私は，もっと学びたい
挑戦をしない	挑戦をする
すぐに諦める	挫折してもくじけない
努力は無意味だと捉える	努力は成功への道と捉える
有益な批判も無視する ⇩	批判から学ぶ ⇩
すぐに停滞し，十分な潜在力を発揮して達成しそうにない	常により高い達成に到達する

第8章

145

第2部　問題対処編

　このアンケートを2016年度〜2017年度に実施した結果を次ページの表8-3に示しました。各観点の後に記した文章は，その観点に関して前向きに捉えている成長マインドセットの説明ですが，「間違いに学ぶ」は，表の左欄の観点に位置付けられていることに注目してください。

　さて，表8-3からわかるように，小中学校の教員養成のカリキュラムを履修している学部生の平均は2.28，小中高の教員の平均は2.49であって，教員の方が学生よりやや高くなっています。また，AからGまでの観点別にみると，Aの「挑戦する」とCの「フィードバックと批判を受ける」が教員志望学生だけでなく教員でも比較的低いということが明らかになっています。なお，各校種の教員の欄には勤続年数も示しています。

　ところで，教師だけでなく学習者自身も成長マインドセットをもっておくことが重要です。例えば，表8-3の「社会科教員志望者」は，中学校向けの社会科教育法Ⅱの授業を受講した学生対象の調査結果ですが，このうち19名は，中学校向け社会科教育法Ⅰの授業を受けており，そこでは，戦後の学習指導要領の変遷史に加えて，各時期に特徴的な中学社会科実践に関する知識を問う小テストを受けていました。その小テスト結果と社会科教育法Ⅱの模擬授業の結果を比較すると，ほとんど相関がありません。

　受講生を教師役と子ども役に分けて行う模擬授業では，必ずしも教師役の思い描くような展開になりません。どうして興味付けできないのか，もっと深く考えさせるにはどうすればよいのか，という試行錯誤の連続です。つまり，**ペーパーテストは，浅い知識を測るために有効**ですが，テストの点数が低くても，模擬授業に典型的に表れるように，**成長マインドセットが高ければ，答えの明確でない問題を根気強く探究する**ということです。まだサンプル数が少ないのですが，高校生にマインドセットの調査を行った結果，授業担当の教師から**テストの成績とマインドセットの得点が必ずしも比例しているわけではない**，という検討結果もありました。

　もちろんマインドセットもテストも両方とも点数が高いほうがよいのであって，どちらのマインドセットの点数も低いことは，悪いことは間違いありません。

　しかし，テストの点数が高いけれども，マインドセットの点数が低い場合と，

146

第8章 「失敗は成功の元」の学級風土づくり

表8-3　物事への対処の仕方（マインドセット）のアンケート結果

	初等教育専修 44名	社会科教員志望者 20名	小中教員志望者 64名	小学校教員 6名：14.7年	中学校教員 8名：12.4年	高校教員 15名：15.4年	小中高の教員 29名：14.4年
A. 挑戦する 次の挑戦を楽しみにしていて、それに対する長期の計画を立てていている。	2.09	2.15	2.11	2.17	2.38	2.33	2.31
B. 間違いに学ぶ 間違いは、一時の失敗で、克服すべきである。学んだことを振り返って、それを手がかりにもう一度課題に取り組みたい。	2.68	2.55	2.64	2.83	2.75	2.87	2.83
C. フィードバックと批判を受ける フィードバックと批判を望み、それを自分の勉強付けにする。フィードバックを参考にして、新たな方法をやってみる。フィードバックは、自分の学びの支援であると思う。	2.25	2.35	2.28	2.17	2.38	2.40	2.34
D. やり方の実行と適用 やってみる過程を楽しみ、これを機会に得意技にしたい。自分でやってみたり、計画を立てたりする。様々な方法を柔軟に使い、自分のやり方の一部に組み込んで、よりよいやり方を求める。	2.36	2.40	2.38	2.83	2.75	2.80	2.79
E. 忍耐と焦点化 「頑張って」学習課題に意欲的に取り組む。課題を終えるまで、自信をもって取り組んでいる。	2.14	2.40	2.38	2.83	2.75	2.80	2.79
F. 質問をする よく考えて絞り込んだ質問をする。自分なりの質問をする。学習課題や教師にさえ、挑戦しようとさえする。	2.14	2.40	2.22	2.50	2.63	2.27	2.41
G. リスクを取る 自信をもって学習課題に取り組み、間違いのリスクも負い、自分が作った作品を学級全体に発表して、共有したい。	2.20	2.25	2.22	2.50	2.50	2.60	2.55
計	2.26	2.32	2.28	2.58	2.57	2.42	2.49

第2部　問題対処編

逆にテストの点数は低いが，マインドセットの点数が高い場合のどちらが望ましいのでしょう。前者の場合には，意欲が欠けているので，教師の手を離れれば，テストの点数も低下していくはずです。

　対照的に，**テストの点数が低くとも，成長マインドセットが高ければ，それが学び続ける動因となって，テストの点数もよくなる**可能性が高いと考えられます。

◎ 間違い OK の学級経営

　間違っても恥ずかしくない学級にするための1つの方法は，**子どもの強みや得意なことを褒めること**です。例えば，この点については，**特別支援教育と連携した学級経営から学ぶ**ことができます。

　川上康則氏によれば，安心・安全でない教室環境は，子ども側から見れば，①授業がおもしろくない（それでも話を聞けと注意されるので不満），②教師の褒め方や叱り方に一貫性がない（えこひいきが強いと感じる），③クラス内で共有すべき価値観となる学級目標や規律が機能していない学級です。逆に，揺らぎがない安定感のある学級は，❶一人一人の存在が認められ，❷学級の一員としての役割意識をもち，❸目標と規範を共有し，❹全体の問題解決力（自浄作用）が育ち，❺少々のことでは動じないようなクラスであるということです（桂聖ほか，2014，pp.12-13）。

　そして，川上氏は，ドゥエックを引用して「一生懸命頑張ったね」とか「やりきったね」と子どもの努力を褒め，その際に図8-2のように短く太く褒めることがコツであるといいます（桂聖ほか，2014，p.15）。

```
1. 感嘆詞を使う
   おー！（感嘆）　おっ！（感心）　うん！（同意）
2. 行動をそのまま2回言う
   うん，書いてる　書いてる！
3. 続けるべきであることを伝える
   そう，それそれ！　その調子！　そのまま続けて！
   大切なのは，言い方より「タイミング」
```

図8-2　短く太く褒めるコツ

第8章　「失敗は成功の元」の学級風土づくり

　これは，特別支援教育だけでなく通常学級でも通用する教育技術です。菊池省三氏は，今の子どもたちが①「群れ化」する，②粗暴な行動を繰り返す，③精神的に不安定である，④いじめ合う，⑤共同思考ができていない，⑥壊れていく教室，という状況にあると特徴付け，その解決策として毎日の終わりの会などに順番で割り当てた特定の子どもに対して表情や姿勢など非言語も含めて「ほめ言葉のシャワー」として語りかけることを行っています（菊池ほか，2016，p.2）。

● 自分の強みや好きなことを生かす

　間違いをプラスに変えるもう１つの方法は，**間違いや失敗に焦点化**することです。例えば，イギリスでは，子ども向けの絵本『**きりんはダンスをおどれない**』を使って，成長マインドセットに繋げようとする実践が行われています。この絵本の主人公であるきりんのジェラルドは，年に一度のジャングルのダンス大会に出たいのですが，ダンスが下手です。他の動物から笑われたり，からかわれたりして，落胆しながら退場していく途中，コオロギから「好きな音楽があれば，きっと踊れるようになる。お月様も君のために音楽を演奏してくれていると思えば，そして，踊りたければ，いつだって音楽が聞こえてくるよ」という助言を得て，その通りにやると，上手にダンスが踊れ，みんなから褒められた，という話です。

　その絵本でいいたい事柄は，次の最後の一節に集約されています（アンドレイ，2009，p.29）。前述の特別支援教育を見据えた学級経営は，教師が子どもの強みや得意なこと

> そして　そらの　おつきさまや
> おほしさまを　みあげると　いいました
> 「だいすきな　おんがくを　みつけたら
> だれもが　みんな　おどれるんだよね！」

に焦点化して，話し合いの時間を設けたり，声掛けなどをすることでしたが，この絵本では，**子どもの「心のもちよう」について直接訴えかけて，できないことをできるようにしよう**としているのです。

　そして，この絵本の最後の場面の後，「ジェラルドは，ダンス大会に行くようにすべきでしょうか，すべきではないでしょうか？」と発問して，子どもた

149

第2部　問題対処編

ちに賛否両論を戦わせます。そこで教師は，一切介在せずに，どの子どもが何を言ったのかをメモし，一人一人の子どもの特性を把握し，その後の指導に役立てようとします（Muncaster, 2016. p.60）。

　我が国では，「**失敗は不名誉なものと見なされる傾向**が強い。失敗は，基本的に自分だけでなく家族にとっても恥なのだ」という文化が根強いといわれます（サイド，2016，p.302）。とすれば，学級でも学習における失敗を隠したり，曖昧にして，学びとは別に誇れるものを苦労して見出して，学級全体で盛り上げるようなことになりかねません。しかし，それでは，いつまでたってもその子どもの失敗や間違いを克服できません。

　失敗を振り返って，そこから学ぶということが大切です。ジェラルドの絵本のように，個人の困難の克服から集団に加わるというアプローチも一考の余地があると思います。

　本書では，このような欧米の実践にヒントを得て，我が国の実践をくぐらせて成果のあった実践を紹介したり，その方法・技術を提案しています。そこでは，成長マインドセットと関連して，「やり抜く力」も注目されています。まず，あなたのやり抜く力を表8-4のアンケートによって確かめましょう（サイド，2016，p.83）。

　これらの質問項目についてあなたが○を付けた項目を10で割った数値について，我が国の調査結果はないので，日米の比較はできませんが，アメリカでは，表8-5のようになります（サイド，2016，p.84）。この質問項目のうち偶数は「粘り強さ」，奇数は「情熱」を表しています。つまり，**やり抜く力＝粘り強さ＋情熱**，ということです。

　新しい学習指導要領で強調されている**深い学びを問うような高次の発問や学習課題**は，必ずしも唯一の正解があるとは限りません。したがって，授業がうまくいくかどうかについては，もしも子どもが間違いを言っても他の子どもから馬鹿にされない，反論を言っても他の子どもと人間関係が悪くならない，時には教師に対する問題点の指摘も思い切ってできるというように，子どもが心から安全で安心できるような学級風土が醸成されていなければなりません。

150

第8章 「失敗は成功の元」の学級風土づくり

表8-4 「やり抜く力」をはかるグリッド・スケール

	まったく当てはまらない	あまり当てはまらない	いくらか当てはまる	かなり当てはまる	非常に当てはまる
1．新しいアイデアやプロジェクトが出てくると，ついそちらに気を取られてしまう。	5	4	3	2	1
2．私は挫折してもめげない。簡単にはあきらめない。	1	2	3	4	5
3．目標を設定しても，すぐ別の目標に乗り換えることが多い。	5	4	3	2	1
4．私は努力家だ。	1	2	3	4	5
5．達成まで何カ月もかかることに，ずっと集中して取り組むことがなかなかできない。	5	4	3	2	1
6．一度始めたことは，必ずやり遂げる。	1	2	3	4	5
7．興味の対象が毎年のように変わる。	5	4	3	2	1
8．私は勤勉だ。絶対にあきらめない。	1	2	3	4	5
9．アイデアやプロジェクトに夢中になっても，すぐに興味を失ってしまったことがある。	5	4	3	2	1
10．重要な課題を克服するために，挫折を乗り越えた経験がある。	1	2	3	4	5

第2部　問題対処編

表8-5　アメリカ人の成人のグリッド・スコア

パーセンタイル値	グリッド・スコア
10 %	2.5
20 %	3.0
30 %	3.3
40 %	3.5
50 %	3.8
60 %	3.9
70 %	4.1
80 %	4.3
90 %	4.5
95 %	4.7
99 %	4.9

たとえば，あなたのスコアが4.1ならば，標本であるアメリカ人
の成人の70％よりも「やり抜く力」が強いことになる

● カナダの学級経営に学ぶ

　今こそ「失敗は成功の元」という諺に学んだ学級経営が求められているので
す。その際に，次のような段階を踏んだ学級経営も参考になるかもしれません
（eduGAINS，2010，pp.9-10）。

（a）発問に対する子どものどのような答えでも受け入れる規準をブレーン
　　　ストーミングして列挙してください。

　　　規準の例

　　　・どの答えに対しても全員が注意深く耳を傾けて聴く

　　　・答えるときには，丁寧に話す

　　　・誰でも間違う，間違いが正解のきっかけになるかもしれないと考
　　　　える

　　　　ブレーンストーミングですから，可笑しい規準であっても，笑っ
　　　たり，批判したりしてはいけません。そして，できるだけたくさん
　　　の規準を挙げて，他の人の規準と自分の規準を組み合わせて新しい
　　　規準を作ってもよいでしょう。

（b）これらの規準に優先順位をつけ，子どもが覚えておける程度の数に絞
　　　り込んでください。

152

第8章 「失敗は成功の元」の学級風土づくり

（c）共有した学級経営の基盤になる規準のリストを教室に貼って，絶えず
　　　目にできるようにしてください。

　要するに，どんな子どもでもやればできるようになるという考え方に基づい
た学級づくりが必要であるということです。学びの進み具合は，多種多様であ
っても，「誰でもやれば，できる」という信念があるからこそ，教師は，どの
子どもに対しても分け隔てなく接して，教育的働きかけをしていくのです。

> **Q8-1** 我が国の子どもたちは，失敗を恐れるだけでなく，「自分には何
> の取り柄もない」とか「自分に自信がもてない」などというよ
> うに自尊感情が諸外国に比べて低いといわれています。成長マ
> インドセットのアプローチを取れば，子どもの自尊感情を高め
> ることができるのでしょうか？
>
> **A8-1** 教科指導を行う授業の中で子どもたちに成長マインドセットを
> 育み，自己有用感をもたせることで，結果的に自尊感情を養う
> ことができます。
>
> 　確かに，**自尊感情（self-esteem）**は，数多くの国際調査で，我が国では低
> いことが問題になっています。例えば，内閣府の「平成25年度　我が国と諸外
> 国の若者の意識に関する調査」は，13歳から29歳までを対象にしていますが，
> それによれば，日本の青年は，特に「自分への満足感」について他国の青年より
> 低いことが明らかになっています。ただし，このような自尊感情の低さとは異な
> って，「自分は役に立たないと感じる」については，アメリカや韓国の青年と同
> 程度であり，イギリスの青年より高いという結果になりました（内閣府，2014,
> p.122-123)。
>
> 　実は，このような自他の関係性における捉え方を**「自己有用感（self-
> efficacy）」**といいますが，それをもっと高めると，**自尊感情も高まる**といわれ
> ます。そして，欧米では，自己有用感とマインドセットには関係性があり，例え
> ば，**成長マインドセットが高ければ，他者に役立っているという自己有用感にも
> つながり，学力も高い**ことがわかっています。説明的授業でテストによって評価
> するより，子どもの努力を価値付けて，他者から褒めてもらったり，励ましても
> らえば，自己有用感も高まるという研究もあります。

第8章

153

第2部　問題対処編

「こんなとき，どうする」中学年用アンケート

___月 ___日 _____小学校 ___年 ___組　名前（　　　　　　　　　　　　　　　　）

　このアンケートは，学習の成せきとは関係がありませんから，あなたの気持ちや考えに一番近いものを答えるようにしてください。
　下の①～⑦のようなとき，あなたは，学習するとき，どのような気持ちになったり，考えたりしますか。ア，イ，ウのうちで自分の気持ちや考えに一番近いものに○をつけましょう。

こんなとき	あなたの気持ちや考え〈ア〉	あなたの気持ちや考え〈イ〉	あなたの気持ちや考え〈ウ〉
①新しいことに取り組む（チャレンジする）とき	前にうまくできたことなら，またやってみたいと思う。	自分から何かをやってみようとか，初めてのことにチャレンジしようとかは思わない。	いつも新しいことにチャレンジしたいと思っているし，何かにチャレンジする用意をしている。
②しっぱいしたり，まちがえたりしたとき	くよくよしない。それまで学んだことを生かしてもう一度チャレンジしたいと思う。	くよくよしないが，それまで学んだことをどう生かしたらいいのかわからない。	くよくよしてしまう。自分でそれをのりこえようと思わない。しっぱいやまちがいを，かくしたりごまかしたりしたい。
③友だちや先生にアドバイスをしてもらうとき	アドバイスは聞きたくない。「こうしたらいい」というようなことを言われると，かえってやる気がなくなってしまう。	アドバイスは自分のためになるし，やる気にもなる。アドバイスを生かして，ちがうやり方を工夫する。	おしつけや，むずかしいものでなければ，自分のやる気になる。だれからのアドバイスか，どれぐらいがんばればいいのか，どんな気分なのか，そういうことが自分のやる気を決める。
④自分にできるかどうかわからないとき	得意なことには進んでチャレンジするが，しっぱいやまちがうことがこわいから，あまりチャレンジしたくない。もし，うまくできる方法を教えてもらっても，自分が得意なことでなければ，やろうと思わない。	自分にできそうなことであっても，チャレンジしたくない。どうやれば学習がうまくできるのか，わかるようになるのかよくわからないし，教えてもらったやり方がいいのかどうかもわからないまま学習している。	いつも楽しみながらチャレンジしているし，力をつけたいと思う。自分でやり方を工夫したり，計画を立てたり，それらをためしたり，もっとよいやり方を見つけたいし，そうすることで自分の力になると思う。
⑤自分1人で問だいに取り組むとき	学習の問だいやさぎょうを根気強くやれない。やり始めたことでもすぐにあきてしまう。	友だちや先生から，はげまされたらやる気になって根気強くやれるが，問だいのとき方やさぎょうのやり方がわからないとあきらめてしまう。	問だいやさぎょうをやりきるまであきらめない。自分にはできると信じて取り組んでいる。
⑥わからないことがあるとき	自分にも答えられそうなことについてはたずねるが，自分に答えられそうにないことには，しつ問してまで考えようとしない。	自分なりに考えてみてしつ問する。問だいについてたずねたり，先生の説明についてもたずねたりする。	自分から進んでしつ問することはしない。または，何をたずねたらいいのかがわからない。もし，先生から当てられても「知りません」「わかりません」と答える。
⑦しっぱいしたり，まちがえたりしそうなとき	何事にも自信をもって取り組んでいる。しっぱいしたりまちがえたりするかもしれないが，自分の考えや作品をみんなに発表したいと思う。	自分が得意なことや自信のあることには，おそれずに取り組んでいる。にがてそうなことには，先生や友だちのやり方をまねている。問だいをやり残してもかまわない。	手をつけない。むずかしいことには何も書かなかったり，知っていることを考えずに答えたりする。新しいやり方を使って問だいに取り組むことはしない。

154

第8章 「失敗は成功の元」の学級風土づくり

「こんなとき，どうする」高学年用アンケート

___月 ___日 _____小学校 ___年 ___組 名前（　　　　　　　　　　　　　　　）

このアンケートは，学習の成績とは関係がありませんから，あなたの気持ちや考えに一番近いものを答えるようにしてください。

下の①〜⑦のようなとき，あなたは，学習するとき，どのような気持ちになったり，考えたりしますか。ア，イ，ウのうちで自分の気持ちや考えに一番近いものに○をつけましょう。

こんなとき	あなたの気持ちや考え〈ア〉	あなたの気持ちや考え〈イ〉	あなたの気持ちや考え〈ウ〉
①新しいことにちょう戦（チャレンジ）するとき	前にうまくできたことなら，またやってみたいと思う。	自分から何かをやってみようとか，初めてのことにチャレンジしようとかは思わない。	いつも新しいことにチャレンジしたいと思っているし，何かにチャレンジする用意をしている。
②失敗したり，まちがえたりしたとき	くよくよしない。それまで学んだことを生かしてもう一度チャレンジしたいと思う。	くよくよしないが，それまで学んだことをどう生かしたらいいのかわからなくなる。	くよくよしてしまう。自分でそれを乗りこえようと思わない。失敗やまちがいをかくしたりごまかしたりしたくない。
③友達や先生にアドバイスをしてもらうとき	アドバイスは聞きたくない。「こうしたらいい」というようなことを言われると，かえってやる気がなくなってしまう。	アドバイスは自分のためになるし，やる気にもなる。アドバイスを生かして，ちがうやり方を工夫する。	おしつけや，むずかしいものでなければ，自分のやる気になる。だれからのアドバイスか，どれぐらいがんばればいいのか，どんな気分なのか，そういうことが自分のやる気を決める。
④自分にできるかどうかわからないとき	得意なことには進んでチャレンジするが，失敗やまちがうことがこわいから，あまりチャレンジしたくない。もし，うまくできる方法を教えてもらっても，自分が得意なことでなければ，やろうと思わない。	自分にできそうなことであっても，チャレンジしたくない。どうやれば学習がうまくできるのか，わかるようになるのかよくわからないし，教えてもらったやり方がいいのかどうかもわからないまま学習している。	いつも楽しみながらチャレンジしているし，力をつけたいと思う。自分でやり方を工夫したり，計画を立てたり，試したり，もっとよいやり方を見つけたいし，そうすることで自分の力になると思う。
⑤自分1人で課題に向かうとき	学習の課題や作業を根気強くやれない。やり始めたことでもすぐにあきてしまう。	友達や先生からはげまされたらやる気になって根気強くやれるが，問題の解き方や作業のやり方がわからないとあきらめてしまう。	課題や作業をやりきるまであきらめない。自分にはできると信じて取り組んでいる。
⑥わからないことがあるとき	自分にも答えられそうなことについてはたずねるが，自分に答えられそうにないことには，質問してまで考えようとしない。	自分なりに考えてみて質問する。問題についてたずねたり，先生の説明についてもたずねたりする。	自分から進んで質問することはしない。または，何をたずねたらいいのかがわからない。もし，先生から当てられても「知りません」「わかりません」と答える。
⑦失敗したり，まちがえたりしそうなとき	何事にも自信をもって取り組んでいる。失敗したりまちがえたりするかもしれないが，自分の考えや作品をみんなに発表したいと思う。	自分が得意なことや自信のあることには，おそれずに取り組める。そうでないことには，先生や友達のやり方をまねしている。問題をやり残してもかまわないと思う。	手をつけない。むずかしいことには何も書かなかったり，知っていることだけを考えないで答えたりする。新しいやり方を使って問題に取り組むことはしない。

第8章

155

我が国の国立教育政策研究所（生徒指導・進路指導研究センター，2015）でも，自尊感情に力点を置いて，「実力以上の過大評価してしまったり，周りの子供からの評価を得られずに元に戻ってしまったり，自他の評価のギャップにストレスを感じる」ようになるので，むしろ異年齢交流のような自己有用感を育てるほうがよいといっています。

第8章のチェック・テスト

問1　本章の内容を理解しているかどうかをチェックするための小テストです。次の空欄に適切な用語を入れてください。正解は，本書の最後に載せています。間違った場合には，本章の該当箇所を読み直して，あなたの理解を深めてください。

　新しい学習指導要領では，平成10〜11年改訂の学習指導要領と同様，思考・判断をして表現する（　①　）が求められています。子どもたちは，学習課題に取り組んだり，発問に対して発表したり，学んだ事柄を表現すると，間違ったり，失敗したりすることもあるでしょう。

　『教室はまちがうところだ』の絵本は，「失敗は成功の元」という（　②　）を育てたいという学校の先生の願いから生まれました。その中心には，（　③　）の考え方があります。それは，（　④　）とは違って，誰でも努力すれば，できるようになるという能力観に基づいています。そして，（　⑤　）の点数が低くても，（　②　）がよければ，それが学び続ける動因になって，（　⑤　）の点数も上がっていく可能性が高いと考えられます。

　間違っても恥ずかしくない学級にするためには，第一に，教師自身が（　③　）である必要があります。特に，努力をするだけでなく新しい事柄や物に（　⑥　）するような気持ちを持ち続けてください。それが子どもたちにも伝わるはずです。第二に，子どもの（　⑦　）や（　⑧　）を褒めることです。このように子どもの（　⑨　）を振り返って，どこが失敗したり，間違っているのかと学級の子どもたちと一緒に考えるだけでなく，それぞれの子どもの（　⑦　）や（　⑧　）に目を向けて，それによって子どもたちの自己有用感を

156

徐々に高めることが大切です。そうすると，間違いを恐れない（　②　）が醸成されていきます。

 **教員の取り組み**

授業者
1. 「物事への対処の仕方（成長マインドセット）」のアンケートを自分自身に対して行って，集計し，その結果，全体的傾向だけでなく7つの観点のうちどれが良くて悪いのかを明らかにしてください。
2. 担当している学級の子どもたちに「物事への対処の仕方（成長マインドセット）」のアンケートを実施してください。なお，ここに掲載したアンケートは，中学生以上向けです。小学校向けのアンケートは，中学年向けや高学年向けの簡略版を用意しています。そして，中学生以上には，集計させ，小学生には，教師側で集計の後，返却し，数字の読み取り方を指導した後，自分の傾向や観点別の特性について自覚させてください。
3. 時間的余裕があれば，教師自身や子どもたちに「やり抜く力」のアンケートを実施し，2と同様の方法で集計した後，それぞれの特徴を把握することをお勧めします。
4. 教師は，子どもたちの全体的な特徴を踏まえながら，学級経営の基本的な考え方を引き出してください。また，特徴的な子どもを抽出して，それとなく，注意深く見守るようにしてください。
5. 学級経営方針を子どもと一緒に作った後，その具体的なイメージ化ができるようにポスターや一人一人の子どもの自己紹介のプリントなどを書かせ，教室に掲示するとよいでしょう。
6. 褒め方と叱り方の基本的なルールを徹底するようにしてください。

チーム同僚
1. 教職員会議で学校全体の基本方針と自分の学級の経営案とのすり合わせをしましょう。
2. ペアの教員にも「物事への対処の仕方（成長マインドセット）」や「やり

第2部　問題対処編

抜く力」のアンケートをしてもらって，互いの強みを生かす方法を見出してください。

3. ペアの教員と互いの授業を参観し，批評し合うような体制を作ってください。

　第8章のチェック・テストで空所穴埋めが難しい場合には，次の用語を提示して，選択式テストに代えてください。

失敗や間違い，学習活動，強み，固定マインドセット，挑戦，成長マインドセット，得意なこと，テスト，学級風土

●引用文献

アンドレイ，J.（訳：まきの・M・よしえ）（2009）『きりんはダンスをおどれない』PHP研究所。

桂聖・川上康則・村田辰明編著（2014）『授業のユニバーサルデザインを目指す「安心」「刺激」でつくる学級経営マニュアル』東洋館出版社。

菊池省三・本間正人・菊池道場（2016）『個の確立した集団を育てる　ほめ言葉のシャワー決定版』中村堂。

eduGAINS（2010）*Questioning*, Assessment for Learning Video Series : Viewing Guide A Resource to Support the Implementation of Growing Success.

クラーク，S.（訳：安藤輝次）（2016）『アクティブラーニングのための学習評価法－形成的アセスメントの実践的方法－』関西大学出版部。

サイド，M.（訳：有枝　春）（2016）『失敗の科学－失敗から学習する組織，学習できない組織－』ディスカヴァー・トゥエンティワン。

生徒指導・進路指導研究センター（2015）「『自尊感情』？　それとも，『自己有用感』？」Leaf.18，国立教育政策研究所。

内閣府（2014）「平成25年度　我が国と諸外国の若者の意識に関する調査」。

蒔田晋治（絵：長谷川知子）（2004）『教室はまちがうところだ』子どもの未来社。

Muncaster, K. and Clarke, S.（2016）*Growth Mindset Lessons*, Rising Stars.

第9章　学び合って評価する学習形態の導入

第9章 学び合って評価する学習形態の導入

　　高校1年家庭科の授業「家族のための食事づくり」で，各班に調理実習を通して評価をさせた後，学級全体に広げて考えさせようとした。私は，「各班からのアドバイスはありませんか？」という発問をしたが，子どもたちは，それまで自分の班の中で話し合っていて，他の班がどのような学びをしているかについて知らないのに，他の班の学びについて何かアドバイスをするというのは無理であったようで，班の問題から学級全体の共通問題として考えさせていくことができなかった。それがうまくできれば，もっと深く問題点について考えることができたのではないかと思う。

● 多様な学習形態を使い分ける

　小学校から高校まで見渡せば，最も多く採用されている学習形態は，教師が説明し発問して，それに対して子どもが答え，教師がその正誤を判断し，間違っている場合には，異なる形で発問したり，補足的な説明をしたりして，正すというものでしょう。このような授業は，図9-1に示す「指導を介した学び」です。ところが，教師が発問しても，子どもから挙手もなく，教師自らが答えるということになることもあります。そのような授業は，「説明的授業」です。そして，教師は，その後，子どもたちが理解しただろうとみなして，演習問題を出して，**個別学習**をさせて，学習の定着を目指すという展開になります。

　しかし，これでは，子ども同士の学びの機会が少なくて，効果的な学習が行われないので，班，つまり小集団の学習をもっと取り入れるべきであるとフィッシャーたちが主張しました（Fisher and Frey, 2008, p.4）。とはいえ，教師

159

主導の説明的授業や指導を介した学びから**子ども主導の小集団学習に移行するのは容易ではありません**。それで、フィッシャーたちの学習形態を漸次的な責任移譲図（Fisher and Frey, 2008, p.4）に、最近よく行われている**2人1組のペア学習を組み込んではどうか**ということを提案したいと思います。それを具体化したのが図9-1です。教師によって、説明的な授業は得意であったり、小集団学習内のやり取りを軸にした授業が好きだったりというように得意・不得意や好き嫌いがあります。しかし、これらの学習形態は、次に示すように、それぞれ強みがあって、授業目的によって使い分けなければなりません。特定の学習形態に頼ってばかりでよいという訳ではないのです。

図9-1 多様な学習形態

【説明的授業】
・教師が大切だと思う知識や技能を系統的に教える。
・子どもの情動を揺り動かせる。
・一人一人の個人差に対応することが難しい。

【指導を介した学び】
・教師の発問や指示の範囲内で、子どもが意見や考えを表明する。
・系統的な知識・技能を子どもの学習活動を介して定着させる。
・できる子ども中心の授業展開になりやすい。

【ペア学習】
・気軽に意見表明ができ、自分の考えを確認できる。
・意見交換に留まらず相互評価になる可能性がある。
・説明的授業に戻ったり、小集団学習に繋げたりすることもできる。

第9章　学び合って評価する学習形態の導入

【小集団学習】

・相互理解と批評をする。

・子ども同士で学び方を学ぶ。

・劣等感を生じたり，依存的になったりすることもある。

【個別学習】

・興味・関心に基づいて追究する。

・自分の出来・不出来を見極めて，次の学びを方向付ける。

・互いに学び合う機会がない。

　要するに，教師は，授業場面でこれらの学習形態から１つを選び出して，使わなければならないのです。逆にいえば，中学校や高校で説明的な授業ばかりをしてきた教師は，子どもが級友と話したり，聞いたり，相互に評価しながら学んだり，学び方を学び合ったりする点で指導不足になっているということです。第８章で述べたように，ペア学習や小集団学習を使って，子どもの自己有用感を育てたいものです。

● ペア学習こそ思考・判断の基軸

　現在，ペア学習が流行しています。ペア学習は，教師主導と子ども主導のいずれの授業スタイルであっても使えるからかもしれません。そこで，図9-1では，教師と子どもの双方の重なる場所にペア学習を位置付けました。

　そして，図9-1においてペア学習を他の学習形態より太めの線で示しているのは，説明的授業や指導を介した学びなどの教師主導の授業をしてきた先生にとっても，もはや子どもに思考・判断を発揮させることの重要性を否定できないので，その対応策として子どものペア学習に少し重点を移すようになってきているからです。教師主導の先生にとって，**ペア学習こそ鍵的な学習形態に**なのです。

　教師主導のペア学習は，次のような使われ方をします。教師の説明的授業だけでは，あまりにも単調すぎて，子どもたちは退屈になってきました。指導を介した学びのために発問を投げかけても，難しいか曖昧すぎるからでしょうか，教師の期待するような反応が子どもから出てきません。それで，隣の机の子どもをペアにさせて，話し合うように指示しました。これだけで寝る子どもは確

第2部　問題対処編

実になくなります。机間指導の間，出来が目立って悪いペアには，ヒントを与えたり，指導助言をします。そして，数分後，ペア学習の結果わかった事柄を挙手させて，出来・不出来を確認し，そこでの発表が不十分なら，机間指導の間に出来がよいと確認していたペアを指名して発表させ，再び説明的授業に戻します。

　他方，小集団学習など子ども中心授業に慣れた教師は，**ペア学習を小集団学習に繋げる**ために使います。例えば，子どもたちにいきなり小集団学習をさせると，消極的な子どもは，集団内で何も発言できず，埋没しがちです。それで，教師は，学習課題を示した後，一人一人の子どもにその答えや予想を書かせました。そして，隣同士でペアを組ませて，それぞれの答えを交流させ，時には修正加筆をさせた後，2つのペアを合体させて，4人1組の小集団にして，もっと考えを練るように指示しました。4人1組の小集団なら出来・不出来の原因も減るでしょうから，無作為に小集団を指名してもよいですが，小集団に口頭発表させたり，わかった事柄を書かせたワークシートを**実物投影機**で映し出して，小集団同士の類似性や相違性を明らかにして，学級全体の考えの練り合いに持ち込めばよいでしょう。

　本章の冒頭に紹介したエピソードは，班内で話し合った内容を学級全体に発表しても，他班から疑問が投げかけられたり，提案がなかったという失敗事例でした。その原因として，第一に，学級全体で各班の発表を聴いて，**質疑応答をする時間が十分に取れなかったのではないか**，ということが考えられます。第二に，もしも時間的余裕があったとしても，**成長マインドセットの学級風土が根付いていない**ので，学級全体で考えを練り合おうということが根付いていなかったのではないかということです。そして，第三に，**ペア学習を形の上だけで**導入して，一人一人の学びに対して，真摯に向き合い，批評や意見を忌憚なく出して学び合うという**ペア学習がもっている評価学習機能を発揮できていなかった**のではないかということが考えられます。

● ペア編成の4類型

　教師が課題を与えて，隣同士の子どもをペアにさせて学習させるという手順を踏めば，それだけでペア学習がうまく展開されるわけではありません。どの

162

第9章　学び合って評価する学習形態の導入

人とペアを組むかによって，学習効果が生まれたり，逆に効果がなくなること
もあります。

　ストーチ（Storch, 2002, p.128）は，オーストラリアの大学の留学生同士に
ペア学習をさせて，①協働的ペア，②支配的−支配的ペア，③支配的−受け身
的ペア，④専門家的−初心者ペアの4類型があることを明らかにしました。
福本義久氏（四天王寺大学）は，その研究方法を我が国の大学や小学校でも適
用しても，同じような類型が現れることを明らかにしました。とりわけ，学び
の積み重ねがほとんどなく，学習効果が上がらず，いずれもイニシャティブを
取ろうとする②支配的−支配的ペアに対して，彼らの話し合いの様子をビデオ
に記録して，視聴させると，互いの意地の張り合いの様子が一目瞭然となり，
このような負の関係性が減って，学び合いが始まります。また③支配的−受け
身的ペアについては，少なくとも学びに繋がり，④専門家−初心者ペアも学び
の向上に役立つことを明らかにしています（福本，2017）。

　確かに，**支配的−支配的のペア編成は可能な限り避けたほうがよい**のです。
例えば，ペア学習で使ったノート分析などで支配的−支配的のペアがわかれば，
その様子を第三者の子どもに観察してもらうとか，互いの**ノートを熟読させて，
学びの深まりのない理由を考えさせる**のもよいでしょう。

　では，教師は，これらのペア類型を考慮して，ペア編成をすべきでしょうか。
この問いをイギリスの小学校教師と過去16年間にわたって協働研究をしてき
たクラークに投げかけたところ，「世の中にはいろいろな人がいるので，子ど
も時代から様々な人と接して，お互いに学び合ったり，人間関係を築く必要が
あり，教師はペア編成を学級経営として捉えなければならない」ということで
した。だから，イギリスの小学校では，ペア学習は，できるだけ固定しないで，
毎週ペアの相手を変えることを奨励しているとのことです。

　ペアには①から④のような類型があることを念頭に置きながら，特に②支配
的−支配的ペアの発見に努め，もしもそのようなペアがあれば，学習を促進す
る手立てを講じながら，ランダムなペア編成にするのがよいでしょう。

● ペア学習の導入方法

　支配的−支配的というペア編成は，机間指導をしていても，まとまりが悪い

第2部　問題対処編

ことや，両論併記のまとめ方などを通して，比較的発見しやすいはずです。した
がって教師は，子どもたちが支配的－支配的にならないようにペアを組ませ
ることはできるでしょう。

　しかし，ペアに課題を与えて学び合いをするように指示をしても，子どもた
ちは，どのように学び合えばよいのかという学び方がわかっていなければ，時
間をかけた割には，学習が進みません。

　実は，ペア学習の学び合い機能を発揮させる方法があるのです。福本氏は，
小学3年生の教師との協働研究において，国語で「感謝の気持ちを手紙で伝
えよう」という学習課題に取り組む際に，次のようにペア学習を導入して，学
習効果も高まることを実証しました。

　まず表9-1のような10項目を事前に用意します。学級担任と相談して，**子
どもたちの実態を踏まえて**，そこから以下の①④⑤⑥⑧を「とっておきの学習
ペアになるために」として示すことにしました。そして，授業では，優れた**ペ
ア学習の様子を記録したビデオを学級で視聴**させ，相手と正対し，助言の聞き
方・返事の仕方などに着目して，それが①④⑤⑥⑧に集約できることを確認し
た後，これら5点を守るように指示します。

表9-1　とっておきの学習ペアになるために
①　大声を出したり，すねたりしない。
②　ペアの近くにすわって，たがいに顔をつきあわせよう。
③　はっきり，ゆっくり話そう。
④　ペアの目を見て話そう。
⑤　どんどんたずねよう。
⑥　たずねられたことをしっかりと考えよう。
⑦　おかしな答えでもわらわない。
⑧　わかるまでたずねなおそう。
⑨　ペアと役わりをこうたいしよう。
⑩　まちがいやしっぱいから学ぶことを大事にしよう。

　ペア学習のコツについても，表9-2の**8項目**から担任の学級の実態に即し
て，㋐㋔㋕の3つを子どもに示しました。ここに挙げているコツの中には，
㋐㋓㋕㋕㋗のように，**相互評価である「ペア評価」**の考え方が含まれているこ
とに留意してください。

　教師は，これらのペア学習の約束事を子どもたちに説明し，教室に掲示して

164

第9章　学び合って評価する学習形態の導入

おくだけでは，ペア学習をうまく展開できません。言葉では理解しても，ビデオを視聴しても，動作化をしないと，具体的なイメージを描けないからです。

表9-2　ペア学習のコツ

ⓐ　ペアのアドバイスを聞いて，自分のために使っています。
ⓑ　ペアをひとりぼっちにしていません。
ⓒ　ペアと自分とでさいごまでやりきっています。
ⓓ　ペアと役わりをこうたいして，同じように学習しています。
ⓔ　ペアのために自分の力を役立てています。
ⓕ　ペアが自分にさんせいしなくてもよいです。自分もペアにさんせいしないこともあります。
ⓖ　ペアと話し合うときは，いつもペアの目を見ています。
ⓗ　いい考えがうかんだら，ひとりじめせずペアにも話します。

それで，福本氏は，表9-1の①に関連して，悪いペア学習の進め方を**台本に，それを学級担任と1人の子どもと役割演技をしてもらって，学級全体に見せ**ています。例えば，悪いペア学習の例は，**学級担任が悪いペア役をして**，次のように動作化して示しました。

　　　　子ども：ここでは（お礼状を出す）Y先生にありがとうの気持ちをはっ
　　　　　　　　きり書かなあかんわ。
　　　学級担任：（大声であらっぽく）えーっ，なんでよっ。書いてあるやんか。
　　表9-1の④についても，**学級担任が下手なペア学習の例証として**，次のように役割演技をしました。
　　　学級担任：（廊下の方を見て）うん，うん，わかった（いい加減な返事を
　　　　　　　　する）。
　　　　子ども：ちゃんと聞いてる？
　　ペア学習は，子どもたちが互いにわかったことや知っていることを発表し，それに対して質問や意見を述べてもらうこと，つまり，**フィードバック**をすることによって学びが深まるのです。そして，これらのペア学習を行うことの根底には，次のような想定があることも忘れないでください。

（1）お互いよいと思う学びがあれば，そのアイディアをもった人や本など出所を明らかにすれば，借用してもよいです。
（2）相手の説明について，言い方が不正確な場合には，「……という意味

第2部　問題対処編

ですか」と質問し，説明の手助けなどをして，学び合いをします。

　以上述べた点を踏まえながら，ペア学習の導入をやってみてください。もちろん子どもがペア学習に慣れなければ，その学習機能を存分に生かすことはできません。ペア学習ができれば，小集団学習にチャレンジしてください。そのような実践は，『教室はまちがうところだ』の絵本でも願っているような，豊かな学級づくりに繋がるはずです。

> **Q9-1** 算数でペア学習を導入したいと思い，私の学級の実態に即して「とっておきの学習ペアになるために」から4つ，相互評価にも配慮して「ペア学習のコツ」からも4つ選び，台本を作って動作化までしました。そして，文章題の解き方を書かせ，ペア学習をしましたが，全ペアを見るのに時間を要しましたし，必ずしも学習効果が上がったとは思えません。どうしてでしょうか？
>
> **A9-1** 全ペアを机間指導するのではなく，普段からノート指導で表現力を鍛えておき，出来の良いペアは他のペアを教えるように指導しましょう。

　子どもたちは，ペア学習の進め方について，知るだけでなく，ある程度は体感的にわかっています。しかし，子どもたちがペア同士の学び合いを十分できるようになるためにはもう少し慣れが必要です。また，「全ペアを見る」のではなく，出来の良いペアが出来の悪いペアを教えるというようなことをさせて，そのような指導も学びになることを理解させればよいのです。

　もう1つ考えられるのは，子どもたちに，「文章題の解き方を書かせる」ということを日常的にやってきていますか。例えば，ノートは，板書を写すだけでなく，気付いたことや疑問に思ったことを書くことを普段からやっていないと，いきなり発問されて，その答えをノートに書くように指示してもうまく書けません。

● 小集団学習には慣れが必要

　高校の先生方と協働で授業づくりをしていたときの話です。校内の研修会で，

166

第9章　学び合って評価する学習形態の導入

私は，「多様な学習形態があり，それぞれの用途に応じて学習形態を選択しなければならない」と説明しました。Ｘ先生は，基本的に説明的授業と個別学習との繰り返しの授業スタイルを取ってきましたが，校内の公開研究授業では，小集団による学びを取り入れたいと思いました。その先生にとっては大きなチャレンジです。しかし，実際には，小集団学習に予想外の時間を費やしてしまって，50分の時間内に収まりません。確かに，小集団学習に慣れた教師でも，時には子どもの学びの進み具合を読み間違って，**時間オーバーになる**ことがあります。その意味で**時間のマネジメント感覚**が必要なのです。

この先生の場合，授業における子ども同士の学び合いということの大切さは，頭の中ではわかっていたのですが，小集団学習をお試し程度でも導入するようなことさえしていなかったのです。ペア学習における学び合いのコツが根付いていれば，小集団学習でもそれを生かすことができるのですが，それもしていません。とすれば，子どもたちにとって初めての小集団学習なので，円滑な学びを進められなかったのも当然のことでした。

１つの学級で，小集団は６つや７つは組織されるでしょう。教師は，同じ学習課題を小集団に投げかけて，机間指導をしても，それぞれの小集団内で何が話し合われ，問題になっているのかということは容易にわかりません。子どもたちにワークシートに学んだことや課題を書かせたとしても，必ずしもよいタイミングで教師が介入できる訳でもありません。このように小集団学習は，教師にとって案外難しいのです。教師も子どもも小集団学習に慣れており，子どもが互いに学び合うように育っていなければ，小集団学習は，なかなかうまく機能しません。その意味で，ペア学習における子ども同士の学び合いのコツを身に付けることが小集団学習でも大切なのです。

なお，小集団は，できるだけ**メンバー編成を変える必要**があります。小集団を固定化すると，班内の人間関係によって**ボスが生まれたり，いじめが生じたり，出来の良い小集団や悪い小集団ができて**，本来のねらいに沿った学びに繋がりません。それでランダムに小集団を作るために，次のような方法を推奨しています。

① 学級にいる子どもの人数を数えます。図9-2の場合25名です。

② いくつ小集団を作るのかを決めます。図9-2では，６つにしようと思っ

ています。

③ 前からでも後ろからでもよいので，1から6まで順番に各自に番号を言わせ，6が終われば，1の番号から始めさせます。

④ 自分が言った番号が班の番号であると告げます。

⑤ 次に図9-3のように板書をして，それぞれの班に着席するように指示します。ここで，教卓の位置を示し，そして，班の位置をずらして，異なる小集団から離し，話し声等が聞こえにくいように配置します。

図9-2　小集団数を点呼する方法

図9-3　教室内での小集団配置

このような小集団の作り方についても，先生方に説明したものの，事前にお試しで試みないまま授業をしてスムーズに展開できず，無用な時間を要したことがありました。一見，簡単と思われる試みでさえ，**一度はお試ししてから同僚教師に見てもらう**ということが必要です。教師にとっても，アクティブ・ラーニングをして初めてわかったことがたくさんあるのです。

小集団作りの別の方法として，図9-4のような指名棒を使うこともできます。ランダムに班の人数分を抜き取って小集団を編成するのです。指名棒とは，アイスキャンディの棒に学級の子どもの氏名を書いたものです。子どもの氏名の読みを間違わないように，**ふりがなをつけておくほうがよいでしょう**。

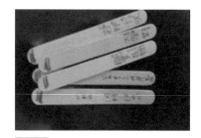

図9-4　指名棒

第9章　学び合って評価する学習形態の導入

　教科担任制である中学校や高校では，生徒数も多いので，ここに示したように，**組の数だけ線を引くなどの工夫**をすると，他の学級の生徒と混在することもありません。

　年度初めの小集団づくりでは，それぞれの小集団に核になる子どもを1人は入れておいて，小集団の学習の中心になってもらうようなこともあってよいでしょう。確かに，それが円滑に学級づくりするためには必要です。しかし，年度初めから数カ月が経ち，学級が安定化していくと，ここで紹介したような任意の小集団編成の方法を取り入れて，学級内の多様な子ども同士が出会い，互いに尊重しながら，みんなで一緒に学級づくりをしていくようにしたほうがよいと思います。

　なお，本書で推奨している**授業モデルの1コマ目でペア学習や小集団学習**を使う場合には，**学びを広げたり，興味関心を沸き立たせたりする**ために有効ですが，これらの学び合いのアクティブ・ラーニングを授業の**2コマ目で使**う場合には，「**深い学びのための知識**」を明確にしてから導入してください。そうでないと，子どもたちの学びが焦点化されず，互いの考えの練り合いもなく，話し合いが空転する恐れがあります。ペア学習や小集団学習など「子ども同士の対話的な学び」を促すアクティブ・ラーニングの技法については，本書の最後に紹介していますので，参照して活用してください。

Q9-2 ペア学習や小集団学習をやる意義は本当にあるのですか？

A9-2 あります。子どもは，授業で教師が説明したことすべてを学ぶわけではないからです。

　教師が自分の教えたい内容を，口頭説明だけでなく，ビジュアル資料を使うような場合も含めて説明的な授業をすれば，最も段取りよく子どもに伝えることはできます。教師は，教えたい事柄について授業時間を意識しながら系統的に指導できるからです。

　しかし，子どもは，必ずしもその内容を教師が説明したまま受け取っている訳ではありません。教師は，図9-5の「**教育**」に示すように，灰色で示す内容を教えました。しかし，そこから子どもYが学んだのは，わずかに灰色の右側の「**個学**」という範囲のみですが，教師が教えようと思った事柄を学んでいなかっ

たり，白色に示すように，教師の人柄や授業に取り組む姿勢など，教師が意図しなかった事柄も学んでいることもあるでしょう。

では，教師は，子どもYに灰色の内容を学ばせるために，どのような手立てを講じればよいのでしょうか。

子どもYが学べなかった部分は，それに興味関心がなかったからか，あるいは，難しかったからかもしれません。いずれにしても，ペア学習や小集団学習を導入すれば，**子どもXが子どもYを教えると，つまずきやすさも難しさも心得ているので，多少はわかる**はずです。それでも子どもYがわからなければ，子どもXは，子どもYがよりわかるように別の形で教え直すことによって，「**互恵**」の部分に示すように，**より深く学ぶ**ようになります。だから，一斉学習や個別学習以外のこれらの学習形態を導入する意義があるのです。

とはいえ，教師が子どもにいきなり「ペア学習や小集団学習をしなさい」と言っても，どのようにすればよいのかわからず，教師の予想以上の時間を要したりすることも許されません。

説明的授業に慣れ切った教師がこの問題を解決するカギは，小集団学習より導入しやすい**ペア学習を導入**することです。その際に，既に述べたような学びのルールや進め方を子どもたちに徹底し，タイマーを使うと，ペア学習を円滑に進めることができます。

図9-5 教師の指導と子どもの学び

第9章のチェック・テスト

問い1 本章の内容を理解しているかどうかをチェックするための小テストです。次の空欄に適切な用語を入れてください。正解は，本書の最後に載せています。間違った場合には，本章の該当箇所を読み直して，あなたの理解を深めてください。

説明的授業や（　①　）など教師主導授業の繰り返しでは，子どもたちは，受け身的になって，退屈しがちです。暗記に偏るので，新しい学習指導要領の期待する主体的・対話的で深い学びにもなりません。特に（　②　）学びに関連して，子ども同士の学び合いが必要なのです。では，どうするのかというと，2人1組の（　③　）や小集団などの学習形態を採用することです。特に，（　③　）は，小集団学習や（　④　）など学習者中心と教師主導の架け橋になるので，重要ですが，単に注意点を説明するのではなく，台本を作って（　⑤　）をして，実感させることがポイントです。

　教師の教えたいことを（　③　）や学習者中心の学習形態に組み込んで「間接的に指導する」のですが，これらの学習形態は，子どもが慣れる必要があります。しかも，教師自身もお試しで何度か使わないと，一朝一夕に使いこなせるようにはなりません。教師自身も（　⑥　）する必要があるということです。間接的に指導するには，時間を要するので，教育内容を絞り込んで，深く学ばせる必要があります。

教員の取り組み

授業者
ペア学習の進め方

1. 用意した発問に対して，指名棒などを使って，ランダムに指名することを子どもたちに告げてください。
2. 2人1組のペアを編成してください。もしも学級の人数が奇数であれば，1組は3人1組になってもよいです。
3. 子どもたちにペア学習の根底にある3つの考え方について説明しましょう。また，わかったことや知っていることを発表し，それに対して質問や意見を述べてもらうこと，つまり，フィードバックによって学びが深まるというペア学習の意義について説明してください。
4. 例えば，AさんとBさんのペアなら，Aさんから話して，Bさんが質問するという役割を決めるように指示した後，ペア学習を何分するかを告げて，表9-1の10の進め方に沿って，学び合いをさせてください。

第2部　問題対処編

5．所定の時間が来れば，Bさんが話して，Aさんが質問するように役割交
代するように指示して，4と同じ時間で表9-1の10の進め方に沿って，
学び合いをさせましょう。

チーム同僚

1．このような方式で子どもたちにペア学習を数週間適用した後，ペア学習の
ノウハウについて，同僚教師とペア学習と評価（つまり，フィードバッ
ク）を行い，その有効性と課題を確かめてください。

第9章のチェック・テストで空所穴埋めが難しい場合には，次の用語を
提示して，選択式テストに代えてください。

> アクティブ・ラーニング，個別学習，指導を介した学び，対話的，動
> 作化，ペア学習

●引用文献

Fisher, D. and Frey, N.（2008）*Better Learning through Structured Teaching*,
Association for Supervision and Curriculum Development.

Storch, N.（2002）Patterns of Instruction in ESL Pair Work, *Language Learning*,
52（1）.

福本義久（2017）「ペア類型から見たペア学習の教育効果の検証」日本カリキュラム
学会第28回（岡山大学）年次大会自由研究発表資料。

172

第10章　授業の始め方と終わり方のデザイン

第10章 **授業の始め方と終わり方の
デザイン**

　授業の最初に予定していた音読では，子どもはいつもと同じように喜
んで読んでくれるだろうと思っていたが，「また読むのー」「いやだー」
「読みたくない」などの意見が出て困り，無理やり読ませた。ここで嫌な
予感がした。子どもの意欲が低いところから授業を始めたことが気にな
った。
　音読の後，簡単に前時の復習をして，いよいよ今日の本題に入った。
本時では，物語の登場人物の気持ちを捉えて，深めていくことが最大の
目標だった。まず，子どもに，「主人公はどのような気持ちだろう」と発
問したが，挙手してくれる子どもが少ない。子どもの発表をみんなで考
えようという雰囲気も感じられない。結局，子どもが発表した答えを，
黒板に板書するだけになってしまい，内容の薄い授業になってしまった。

● 導入に失敗すると面白くない授業に

　このエピソードのように同じ学習活動を繰り返してしていると，子どもは，
飽きてしまって，学習意欲が削がれます。しかも，「前時の復習をしましょう」
と言うだけでは，子どもの学びの振り返りも不十分だったのでしょう。それが
授業のつまずきの一因でした。

　もちろん，教師が授業の冒頭から難しい話を始めたり，理解できない言葉で
話したりすると，子どもは「何を言っているのか」わからないので，学習意欲
を失います。教師が教材研究をして，子どもの理解度を踏まえて，易しい言葉
で説明しても，それが子どもの興味関心や生活からかけ離れていれば，集中力
も長続きしません。教師は，一生懸命に話して発問をしたものの，子どもはキ

173

第2部　問題対処編

ョトンとしていています。「どうしてか？」と疑問に思い，これまでの学習状況を振り返った結果，発問の前提となる知識を子どもがもっていなかったこともあるでしょう。あまりにも長々と教師の話が続けば，大人でも眠くなってきます。当然，子どもたちも注意力が続かなくなって，授業についていこうという気持ちも失せてしまいます。

　実は，これらの事柄の逆のことをすれば面白い授業に繋がります。子どもがどの程度の知識をもっていて，何に興味関心を抱いているのかということを知っていなければなりません。そのような子どもの学習のための**準備性（レディネス）**を踏まえていても，説明的授業の繰り返しでは，単調な授業なので，退屈になります。そこで，2人1組の**ペア学習**や小集団学習など**異なる学習形態を取り入れる**必要もあります。これらの点を踏まえたうえで，子どもたちはどの程度までなら学ぶことができるかということを想定していきますが，その際にも1コマでやり切れるかどうかという読みをしておく必要があります。そして，これらの事柄すべては，授業の計画段階からできることです。

● 新たな単元では子どもの興味や既知と絡める

　授業力のある教師は，子どものちょっとした出来事に触れたり，含蓄のあるエピソードをさりげなく披露したりしながら，いつの間にかこれから取り組もうとする単元の導入に入っていきます。そのような教師は，授業の計画段階から「何を教えたいのか」を何度も吟味して1つに絞り込んで，同時にどのような教材や話を使って導入すべきかということを考え続けています。そこが授業力の弱い教師や教育実習生との大きな違いです。彼らには，過去の失敗経験や成功経験があるので，それを思い出しながら，比較的短い期間で授業を計画することができます。

　では，若手の教師や普通の教師は，どうすればよいのでしょうか。その答えは，簡単です。教師自身が子どもに**アクティブ・ラーニング（AL）**をさせて，そこでの子ども反応を学び取って，授業計画に役立てることです。

　ここで，子どもにアクティブ・ラーニングをさせること自体が目的ではないことに留意してください。アクティブ・ラーニングを子どもにさせながら，次のような事柄を引き出し，それを教師が計画していた単元の始めの導入部分の

第10章　授業の始め方と終わり方のデザイン

授業に生かすことが大切なのです。

（1）子どもが**知っている事柄，意外な事柄**を把握する。

　例）「（取り上げたい題材の）○○について知っている？」という発問から始
　　める。

（2）子ども一人一人が**「これを学んでいる」「学ぼうとしている」と自覚**する。

　例）AL 技法 1「ミステリーバッグ」によって子どもたちの興味関心を沸き
　　立たせる。

（3）教師の想定した**教育内容と関連しそうな内容**を取り出す。

　例）AL 技法 2「それホンマ？」＜これから教える内容に関して＞の進め方
　　を使う。

（4）2 人 1 組のペアや小集団で学び合って，そこでの**面白い考えを表現**させ
　る。

　例）AL 技法 3「画像分析」のように，多様な情報が取り出せる資料を読み
　　取らせる。

（5）授業に対して子どもなりに**興味をもち，学ぶ意義を見出す**ことができる。

　例）次節に紹介する「エボルタ電池で電車を走らせよう」など，意外な事実
　　を示す。

　なお，本書末に掲載したアクティブ・ラーニングの技法すべてをやろうとし
ないで，自分の学級の実態に即して，最も取り組みやすい進め方に絞ったり，
修正してやってみてください。これらの技法を何度も使うにつれて，さらに使
い勝手がよくなり，効果的な自分なりの技法として会得していくと思います。
　アクティブ・ラーニングを適用する際のポイントは，その技法を使って，子
どもの興味関心や既知をスムーズに授業に誘い込めたかどうかということです。
その意味で，子どもが**アクティブ・ラーニングをしてみたことに関する感想や
意見も参考**にしてください。

第10章

175

● 前時を振り返って，既知を揃える

　単元における一連の授業では，前時で子どもたちが学んだ事柄を復習した後，今日の本題に入ると，子どもたちの学びの頭揃えができて，本時の授業を円滑に展開することができます。

　例えば，図10-1は，小学4年理科の単元「電気のはたらき」で乾電池を使ってモーターを速く回す方法について，坂ではどうかということを確かめていた様子です。図10-2の場面では，乾電池1個，2個直列，2個並列のときの「運べるビー玉の数」「のぼれる坂の角度」「5m走るのにかかる秒数」の実験結果をまとめた板書を復習した後，本時は，乾電池のつなぎ方と回路を流れる電流の関係について調べる実験をするという課題を設定していきます。

　この授業を担当した小池康一郎先生（鯖江市立中河小学校）は，**モバイルパソコンで前時の板書や学習風景の静止画をとっておき**，その画像を無線LAN経由で電子黒板に即座に映し出す手法をとっています。小池先生の授業で深い学びを学級全員で達成した1つの秘訣は，**導入でこのように学びを揃える**ことを繰り返している点であるように思います。詳しくは第7章に紹介しているので，ご覧ください。

　ただし，この方法は，無線LANによる画像や映像の送受信（MiracastやAppleのAirPlayなど）に対応していない機器では使えません。そのような場合には，HDMIケーブルなどで端末と電子黒板やテレビをつないだり，プロジェクターを介してスクリーンに映し出したりすればよいでしょう。

　以上のいずれの手立ても難しい場合には，デジタルカメラやスマートフォン

図10-1　前時の学習活動の振り返り

図10-2　前時の実験結果の振り返り

第10章　授業の始め方と終わり方のデザイン

で撮影した板書や学習風景をSDカードに入れて，そのデータをノートパソコンに移して，プロジェクターで写し出せばよいのです。この方法は，手間はかかりますが，前時の復習をして授業を始めるという教育効果の点では，それほど変わりません。

◉ 振り返りの甘さが学力低下の一因

　普通の授業なら，教師が授業内容をまとめて，一人一人の子どもが今日の学びについて振り返りをノートやワークシートに書いて終わることが多いように思います。例えば，一人一人の子どもに**ABCやニコニコマークでどれかを選ばせて，それに対するコメント**を書かせるような自己評価が行われています。教師は，子どもたちに自分の学びをABCで評価するように指示しても，AからCの基準が示されていません。そのため，同じ学習物の質であっても，自分に厳しい子どもは，Cとするかもしれませんが，自分に甘い子どもは，Aと見なすかもしれません。とすれば，子どもが書くコメントもあまり信用できません。このようにして，**学びの質に関する格差が学級内で拡大していく**ことが懸念されます。

　このような振り返りのズレを解消するために，深い学びの全員達成授業モデルでは，達成ポイントを子どもと一緒に創って，子どもが活用できるようにしました。大学生くらいになれば，ルーブリックを駆使できますが，特に小学生にとっては，ルーブリックを使いこなすことは難しいでしょう。だから，達成ポイントを推奨しているのですが，子どもたちが達成ポイントを使いこなせるとしても，授業の最後の振り返り，できれば他者評価を介して，自己評価をしっかりやらせなければ，深い学びの全員達成には至りません。

　今日の授業の振り返りをするだけの授業時間が残されていなければ，休み時間に書かせたり，宿題にして終わるということもあるでしょう。真面目な子どもなら，休み時間や家庭学習で振り返りをするかもしれませんが，基本的には個人での振り返りですから，他者評価を通した自己評価でもないので，振り返りに偏りが生じる可能性があります。また，「……ができなかったので，頑張りたい」と子どもが書いても，その授業は終わったのですから，教師は子どもたちが家庭学習で不出来を解消するために取り組むことを期待しているだけで

第10章

177

第2部　問題対処編

あって，取り組むかどうかは一人一人の子どもに委ねられています。要するに，**不出来は放置されたままになる**こともあるということです。

◉ 授業の最後に各自が振り返って全員達成

　深い学びの全員達成授業の進め方について，もう一度復習しておきましょう（第1章参照）。

【課題誘発活動】

⑤子どもの興味関心による学習課題づくり⇒

【学習課題と達成ポイント創りの明確化】

⑥学習課題の設定→⑦子どもと創る達成ポイント⇒

【課題解決活動】

⑧深い学びを使った課題解決→⑨全体のまとめ－フィードバックと改善策－→⑩振り返り－他者評価を介した自己評価と学びの向上－

　このように，深い学びの全員達成の授業モデルは，**授業の最後がこれまでの授業とはまったく違った終わり方**になります。「⑨全体のまとめ」において，教師は，達成ポイントに照らして，ワークシートを貼ったり，実物投影機で見える化をしたりして，子どもたちの学びの出来・不出来をを確認して，不出来をできるようにする手立てを示します。それから，一人一人の子どもは，「⑩他者評価を介した自己評価と学びの向上」として，自他の学習物を相互評価して学び合いをしたり，教師評価を踏まえながら，自分が不十分な学びであった場合には，できるような手立てを講じて不出来を克服し，十分な学びができていれば，新たな学びに繋げて授業を終えます。

　そこで最も大切なことは，「**⑧深い学びを使った課題解決**」を授業の中盤で済ませることです。そうしないと，⑨と⑩に充てる時間が足りなくなります。ところが，⑦でできるだけ多くの子どもに深い学びを達成させたいと教師が願うあまり，⑧のフィードバックで子どもたちの学びの出来・不出来を確認して，補足的な説明をしたり，学習活動をさせたりしているうちに，授業時間終了となってしまって，⑨の全体のまとめと自己評価の時間が取れないということが珍しくありません。

178

このような失敗をしないために，第一に，「⑧**深い学びを導く課題解決活動**」**を授業終了15分前には打ち切り**，⑨の学級全体で不出来の子どもたちをできるようにさせるために，教師が不出来の問題点を指摘し，いかにできるようにすればよいのかを説明してください。

第二に，子どもと一緒に達成ポイントを創って，⑨の学級全体だけでなく，⑩の子どもたち一人一人が学びを振り返るときにも達成ポイントに照らしながら，できた子どもは，一層できるような高い目標を見据えてコメントを書き，できなかった子どもは，⑨の学級全体の学習のまとめで，できるようになったかどうか，依然としてできなければ，いかにできるようにするのかということを書くようにさせます。繰り返しますが，**ペアで互いの学びを評価させて出来・不出来を確認した後，自己評価で不出来をできるようにする手立てを講じる**ようにすることです。

教師がこのような手立てを授業時間内に講じれば，子どもたちの深い学びの学力差が少なくなります。教育目標が知識・理解や技能ならば，小テストなどによって，学力差を少なくすることができますが，思考・判断については，簡単なテストでチェックして，学力補強をすることが難しいのです。したがって，授業終了前の15分間を，⑨フィードバックと改善策と⑩他者評価を介した自己評価と学びの向上が充分できるような授業計画を立てて，**時間的余裕をもって子どもたちに自己評価**をさせてください。子どもたち自身に学びを確認させて，自覚的に学ぶようにさせ，その後，教師も学びを確認して，不十分な学びを極力減らせるかどうかは，この時間を設定できるどうかにかかっています。

第10章のチェック・テスト

問い 本章の内容を理解しているかどうかをチェックするための小テストです。次の空欄に適切な用語を入れてください。正解は，本書の最後に載せています。間違った場合には，本章の該当箇所を読み直して，あなたの理解を深めてください。

優れた教師の授業は，ささいな事柄から導入し，それが自然に今日の学習課

第2部　問題対処編

題に繋がるような展開です。そのような授業は，授業計画前に準備しておくことができます。まず，教師は，子どもの（　①　）に敏感になるだけでなく，すでに学んだ事柄，つまり，（　②　）などのレディネス（準備性）を押さえていなければなりません。これは，授業力がついた教師なら，休み時間や授業の冒頭で掴んで，学習課題に無理なく導くこともできますが，そうでない多くの教師は，事前に準備しておくべきでしょう。

　新たな単元の授業の導入を計画する際には，アクティブ・ラーニング（AL）の技法を使って，子どもの既知や興味関心を誘い出し，スムーズに学習活動に繋げることができます。そのために，事前に AL を試みて，自分なりのやり方を身に付けておく必要があります。また，単元の一連の授業の導入では，デジタルカメラで（　③　）や（　④　）の画像を見せて，（　⑤　）をすると，子どもたちの学びの（　⑥　）となり，その後の学びがスムーズに展開できます。また，授業の終わりでは，（　⑦　）前に学級全体に対するフィードバックと改善策を終えて，学びのまとめだけでなく子どもの（　⑧　）をする時間とする必要があります。そうでないと，学びの質的な学力差が拡大するからです。

教員の取り組み

授業者

1．あなたが自信をもっている科目の中でこれから取り上げたい題材を選びましょう。
2．子どもたちのどのような既知や興味関心を誘い出して，発問や活動と関連付けるのかを想像してください。
3．子どもたちがアクティブ・ラーニングをする過程で彼らの既知や興味関心を誘い出したり，拾ったりしながら，これから取り上げたい知識や技能を子どもたちにどのように示すのかを考えてください。
4．子どもたちの考えを表明させるために，どの場面でペア学習をするのかを決めてください。
5．ペアのなかで，「このペアなら，このような反応があるかもしれない」と

第10章　授業の始め方と終わり方のデザイン

いうことが予想できれば，それを授業に位置付けてください。

チーム同僚

1. あなたの授業の冒頭で「子どもと絡めた授業計画」のためのアクティブ・ラーニングの技法を同僚に説明し，（1）既知，（2）誘い出し，（3）取り上げたい技能，（4）子どもの反応，に関する予想をしてもらって，意見や感想を出してもらってください。

2. あなたの授業を実際に参観してもらい，（1）既知，（2）誘い出し，（3）取り上げたい技能，（4）子どもの反応，の観点から意見や感想を求めましょう。

3. ペア学習を使った授業参観をお願いし，教師の意図の点から，子どもたちのペア学習が学習物も含めて，有効に働いているかどうかについて意見や感想を述べてもらってください。

第10章のチェック・テストで空所穴埋めが難しい場合には，次の用語を提示して，選択式テストに代えてください。

> 子ども，興味関心，前時の振り返り，共有化，学習活動，板書，10分，自己評価

181

第2部 問題対処編

第11章 カリキュラム・マネジメントの取り組み方

　A先生は，小学校の総合的な学習の全校カリキュラムづくりに関わったことがある。2004年頃，教師の間で①壁新聞の書き方からいちいち指導しなければならない，②資料を写して読んで発表するだけで，学びの高まりが感じられない，③中間発表会でも学びの相互評価ができていない，という悩みの声が出ていた。そのようなとき，A先生は，校長先生から子どもの発達に応じて育てるべき力を伸ばす総合的な学習のカリキュラムづくりをして欲しいと依頼された。先進校の実践を参照しつつ，縦軸に学習課題，調べ方などの「育てたい力」，横軸に低学年から高学年までの「学年」の欄を設けて，どの学年でどの力を付けるのかを明示した表を作成し，何とか乗り切った。

　新しい学習指導要領では，「教科横断的な視点に立った資質・能力の育成」が謳われている。しかも，「カリキュラム・マネジメント」にも関連付けなければならないという。A先生は，総合的な学習のカリキュラムづくりのノウハウを生かせるのだろうか。

● カリキュラム・マネジメントの重要性

　総合的な学習のカリキュラムづくりのノウハウが教科横断的な資質・能力の育成に役立つかということに対する答えは，イエスです。そこで鍵になるのが，カリキュラム・マネジメントですが，**教科の授業**は，以下に述べるように，**学習指導要領の制約を大きく受けており，教育目標か学習課題の設定に影響している点で総合的な学習と異なっています**。

　マネジメントといえば管理職の仕事であって，自分はあまり関係ないと思っ

第11章　カリキュラム・マネジメントの取り組み方

ている先生もおられるかもしれません。しかし，新しい学習指導要領で「深い学び」が強調されると，時間管理というマネジメント感覚は，どの教師にも必要になります。

　これまで教師の発問に対する子どもの発言を一問一答式に繰り返して，知識や技能の定着をねらった説明中心の授業に慣れてきた教師は，子どもに学習活動をさせようとすると，その活動にどの程度の時間を要するのかをなかなか予想できません。教師の説明的な授業なら，自分で今日の授業テーマを設定して，この資料を見せて，教科書を読んで，子どもに発問して，解答を求め，その正誤を確認した後に，次の発問をするというように進めるので，1コマ以内に収めることは簡単です。ただし，このような授業で使う思考は，知識や技能の再生や記憶が中心であって，浅いレベルでしかありません。正誤がはっきりした問いと答えですから，その場で，あるいは，小テストでチェックしていけば，知識や技能の面においてできない子どもを見つけ出すことができます。

　ところが，今求められているのは，主体的・対話的で深い学びをさせる授業です。**「深い学びの全員達成授業モデル」のように，子どもたちは，様々な学習活動を通じて深い学びに導かれ**ていきます。したがって，教師は，学習活動の扱い方に慣れていなければ，予想外の所で子どもがつまずいて，急遽，子どもの知識・技能の定着を図るために説明的な授業をする必要性が生じたり，小集団学習をさせていると，特定の班の進度が遅いので，活動の時間を延長した結果，授業の終了時間までに予定した内容がこなせないこともあります。

　一般的には45分間の授業なら35分で，50分間の授業なら40分終了として，10分程度は早めに授業を進めてください。そして，深い学びの全員達成授業モデルでは，**2コマ目の中盤に深い学びを据えて**，フィードバックと改善策や学習のまとめから自己評価のための時間的余裕を見ておくようにお勧めしています。多様な学習活動を導入すると，一人一人の**教師に授業の時間管理のマネジメント感覚が不可欠**なのです。教師は，このような授業の進め方に慣れてくれば，子どもの反応によって授業を柔軟に構成することが次第にできるようになります。

第11章

第2部　問題対処編

◉ 教科横断的に資質・能力を育む

　新しい学習指導要領では，教科横断的に資質・能力を育成するように謳っているので，各教科や各学級レベルを超えたカリキュラム・マネジメントも求められています。この小学校学習指導要領「総則」の「第2　教育課程の編成」の「2　教科等横断的な視点に立った資質・能力の育成」では，次のように述べています（文部科学省，2017，p.5）。なお，中学校学習指導要領や高等学校学習指導要領（案）の「総則」でも，児童を生徒に代えて，同じ頁で同じ内容が記されています。

（1）各学校においては，児童の発達の段階を考慮し，**言語能力，情報活用能力（情報モラルを含む。），問題発見・解決能力等の学習の基盤となる資質・能力**を育成していくことができるよう，各教科等の特質を生かし，教科等横断的な視点から教育課程の編成を図るものとする。

（2）各学校においては，児童や学校，地域の実態及び児童の発達の段階を考慮し，豊かな人生の実現や災害等を乗り越えて次代の社会を形成することに向けた**現代的な諸課題に対応して求められる資質・能力**を，教科等横断的な視点で育成していくことができるよう，各学校の特色を生かした教育課程の編成を図るものとする。

　（1）の太字の箇所は，**明確な答えのある課題解決の授業**，（2）の太字のような特徴をもった授業は，**明確な答えのない課題解決の授業**として特徴付けてよいでしょう。ただし，ここで述べているのは，「教科横断的」にこれらの授業類型を述べている点が今回の学習指導要領の新機軸であるといってよいでしょう。

　教師は，各教科の授業における「主体的・対話的で深い学び」の実現に努め，そこから資質・能力の育成に繋げますが，それができた次の段階から，教科横断的な資質・能力の育成のためのカリキュラムづくりをしなければなりません。そこでカリキュラム・マネジメントの考え方を採用する必要性が生じます。

　中教審答申によれば，カリキュラム・マネジメントには，次の3つの側面があるといいます（中教審，2016，pp.23-24）。

①　**各教科等の教育内容を相互の関係で捉え，学校教育目標を踏まえた教科**

184

横断的な視点で，その目標の達成に必要な教育の内容を**組織的に配列**
していくこと。

② 教育内容の質の向上に向けて，子供たちの姿や地域の現状等に関する調
査や各種データ等に基づき，教育課程を**編成し，実施し，評価して改
善を図る**一連の PDCA サイクルを確立すること。

③ 教育内容と，教育活動に必要な人的・物的資源等を，地域等の**外部の資
源も含めて活用しながら効果的に組み合わせる**こと。

カリキュラム論からいえば，①の太字の箇所「各教科等の教育内容を相互の
関係で捉え」は**範囲（スコープ）**と呼ばれ，「教育の内容を組織的に配列」は
配列（シークエンス）と呼ばれます。ここで，本章の冒頭に紹介した総合的な
学習のエピソードを思い出してください。何を教えたいのかという事柄として
学習課題や調べ方などを挙げていますが，それは範囲であり，どのような順に
教えるのかというのは学年別に配列したということです。そして，**教育内容に
関する国レベルの立案プランである「教育課程」**とは違って，カリキュラムと
は，②の太字の箇所「編成し，実施し，評価して改善を図る」という考え方を
打ち出し，特に③の太字に示すように，学校内外の資源を「活用しながら効果
的に組み合わせる」という点にマネジメントの特徴付けがなされています。

◉ 教科横断的に深い学びを育成する学校カリキュラム

各教科における言語活動の充実のために，「話す力」や「聞く力」や「話し
合う力」という範囲を定めて，低学年から高学年まで配列した一覧表を作成し
て，各学年で何をいつ取り組むのかということを明確化した小学校があります。
そこに国語科だけでなく他教科も入れ込めば，教科横断的なカリキュラムにな
ります。また，環境問題や国際理解などを範囲にして，学年別に何を取り組む
のかを示した学校カリキュラムもあります。

表11-1 は，京都府精華町の山田荘小学校が「自立と共生」をキーワードに
した「人間活動科」の学校カリキュラムです。「つながり」「自分づくり」「ろ
んり」の範囲を低学年，中学年，高学年の配列に振り分けて，何をいつ取り組
むのかということを明らかにしたものが学校カリキュラムというものです。た
だし，より確かな取り組みにするために，表11-2 のように，例えば，第6学

表11-1　「学び」の系統表（京都府精華町立山田荘小学校による、表11-2も同じ）

			低学年	中学年	高学年
発達段階	特徴・対象		自己中心性・具体的思考、身体的な人間関係／言語や数の種類・反復（くりかえし）／身体的・知的技能形成／（人間感覚・自然感覚・社会感覚）／重視の判断・現象認識の基礎／善悪・集中力・活用力／情操の涵養	仲間集団との行動・抽象思考の芽生え、活動拡大／論理的思考・調整・調査、実験／課題基礎概念の方法（各文化領域の法則、原理現象、研究方法）／重視の判断・知的存在・思考、分類、研究系統化／集団活動の思考、目主・主体・協力協調性／善悪の感覚、自主・協力協調性	自己的態度・集団意識拡大／自己の意識や能力の芽生え、個性・探究活動／個性・理論の仕（抽象的思考、個性の探究活動）／抽象的思考、他者の視点・個性の理解／自己肯定感、社会生への関心
	重視すべき課題				
つながり	目標		・かかわりを大切にしルールを守り助け合う ・話し合う楽しさがわかる ・困っていることを話せる	・ルールを守り協力し合う ・友だちのよさに気づきにする ・よりよい生活にするために話し合う	・集団の一員の役割や責任を自覚し行動をする ・互いのよさを尊重し、協力する ・身近な問題に、他者と協力し解決しようとする
	内容	同年齢	・係活動の意義とあり方を学ぶ ・友だちとの関わり方、助け合う ・他学年と楽しく交流する	・係活動を工夫する ・課題解決について話し合う ・中学年としての自覚をもち協力する	・係活動を工夫改善し、集団活動の向上に取り組む ・信頼し合う人間関係 ・下級生のまとめ方、リーダー性 ・適切な話し方、公共心
		異年齢	・ていねいに話しかける ・あいさつ、感謝 ・学校や生活のルールの理解	・丁寧なことば ・上手な話し方、まとめ方 ・社会人としてのルールの習得	
		社会性・地域	・身近な地域のよさをみつけ、交流する ・公共物や公共施設の活用 ・自分の住んでいることに取り組む	・地域の特色をとらえ、よりよい地域生活を考える	・よりよい地域社会にするための課題意識をもち、発信する ・社会の一員として、公共心 ・主体的な社会参画の仕方
自分づくり	目標		・自分のよさが分かる、長所や短所、成長を知る ・自分のよさに気付き、自分のよさを伸ばす ・生活を振り返り、自分の目標をもつ	・自分の特徴を理解する ・善悪を正しく判断する ・様々な気持ちを伸ばす	・自分の特性、特徴や成長を受容する ・自分の判断のもとに個性の発揮 ・中学校での目標をもって
	内容	自己理解	・自分のよさが分かる、長所や短所、成長を知る ・善悪の区別ができる ・やるべきことは最後まで取り組む ・自分のすべきことを自分なりに考えて行動する ・夢や憧れをもつ	・自分の特徴を理解する ・善悪を正しく判断する ・様々な気持ちのもとにすべきことを主体的に粘り強く取り組む ・リラクゼーションの仕方を身に付ける ・中学年としての自覚をもつ	・自分の特性、特徴や成長を受容する ・自分の判断のもとに個性の発揮 ・様々な感情のもとにすべきことを主体的に考える ・リラクゼーションの仕方を活用する ・中学校での目標をもって
		自己制御	・善悪の区別に気付き、共感的態度 ・やるべきことは最後まで取り組む ・リラクゼーションの仕方を学ぶ	・善悪を正しく判断する、共感的態度 ・すべきことを主体的に粘り強く取り組む ・リラクゼーションの仕方を身に付ける	・善悪を判断し、共感的態度 ・すべきことを主体的に考える ・リラクゼーションの仕方を活用する
		自分づくり	・自分のすべきことを自分なりに考えて行動する ・夢や憧れをもつ	・自分の目標をもって夢や希望に結びつけて取り組むようにする	・自分のよさを発揮し、未来への夢や希望をはぐくむ
		自己管理	・生活を振り返り、自分の目標づくり ・成長を振り返る ・生活習慣の基礎を身に付け安全や健康な生活について考え行動する	・生活を振り返り、自分の目標づくり ・集団行動の目標をもつ ・生活習慣を身に付け、健康で安全な生活について考え、命の大切さを学ぶ	・生活を振り返り、自分の目標づくり ・集団活動の目標をもつ ・健康で安全な生活習慣を身に付け、工夫改善し、自他の生命の尊さを学ぶ
ふりかえり	目標		・課題に気付き、順序付けたり、原因や理由を考えた ・課題立てて考える ・自分の考えや思いに理由をつける	・課題に気付き、分類したり関係付けたり ・課題立てて解決しようとする ・自分の思いや考えに根拠をもって課題解決に向けて話し合う	・課題に気付き情報を収集整理し、分析したり、構想し ・課題立てて解決しようとする ・自分の考えに根拠をもって課題解決に向けて主体的に話し合う
	内容	思考	・思考の方法（順序・比較・因果・選択）を身に付けて考える	・思考の方法（分類・関係付け・評価）を身に付けて考える	・思考の方法（分析・構想）を身に付けて考える
		話し合い	・話し合いの目的に応じて、順位選択型・分類型・交流型	・話し合いの目的に応じて、順位選択型・分類型・交流型	・話し合いの目的に応じて、順位選択型・分類型・深化拡張り合いの型・共通型・深化拡張り合いの型・交流

第11章　カリキュラム・マネジメントの取り組み方

表11-2 第6学年「自立と共生」具体的なゴールの姿
―ひとりはみんなのために、みんなはひとりのために考え行動し、自己実現を目指す人間―

6年生			めざす姿	学習内容	ゴールの姿
つながり	目標	同年齢	自分とみんなのよりよい生活をするために行動する人間	・集団の一員の役割を自覚し、責任ある行動をする ・互いのよさを尊重し、協力する ・身近な問題に気付き、他者と協力し解決しようとする	・進んで諸活動に取り組んだり、活動や学級や学年の課題解決のための互いの意見を尊重し話し合ったりできる ・集団の一員として役割を自覚し、責任ある行動をする ・互いのよさを尊重し、協力する ・身近な問題に気付き、他者と協力し解決しようとする
	内容	異年齢	係活動を工夫改善し、集団活動の向上に取り組む（熟議） 上級生としてのまとめ役・リーダー性 下級生への話し方、仕事		
		社会性	適切な話し方、仕草で社会の一員として行動する		・上級生として下級生に適切な話し方や仕草で社会の一員として行動できる ・相手に応じて適切な話し方や仕草で行動し、苦手なことにも粘り強く取り組もうとすることができる
		地域	よりよい地域社会にするための課題意識をもち、発信す		・地域に誇りをもち、地域の人たちと協力してよりよい地域社会にするための課題意識をもち、自分のできることを考え取り組むことができる
自分へ	目標	自己理解	自分を大切にして、よりよい自分になるために考え、行動する人間	・自分の特性を理解する ・善悪の判断のもとに考えるべきことを主体的に考える ・困難にも粘り強く努力し自律的で責任ある生活をする ・自分のよさを発揮し、未来への夢や希望をはぐくもうとする	・自分の特性を理解する ・善悪の判断のもとに考えるべきことを主体的に考える ・困難にも粘り強く努力し自律的で責任ある生活をする ・自分のよさを発揮し、未来への夢や希望をはぐくもうとする
	内容	自己制御		・生活を振り返り、特徴や成長を受容する ・様々な感情の自覚と調整・共感的態度 ・リフレーミングの仕方を活用する ・善悪の判断	・自分の特徴や成長の過程を大切にする ・人間の様々な感情を理解し、自分の気持ちを落ち着かせる性や感情をコントロールする方法を身に付ける ・善悪の判断をして主体的に行動し、苦手なことにも粘り強く取り組もうとすることができる
		自己づくり		・集団活動の自分の目標づくり ・自分の将来について考える	・未来の夢や希望を具体的に考えることができる
		自己管理		・健康で安全な生活習慣を身に付ける	・健康で安全な生活習慣を身に付ける
ふんばり	目標		根拠に基づき、筋道立てて、よりよく話し合える人間	・課題に気付き情報を収集整理、分析したり、構想したりして筋道立てて解決しようとする ・自分の思いや考えを根拠をもって課題解決に向け主体的に話し合う	・課題に気付き情報を収集整理、分析したり、構想したりして筋道立てて解決しようとする ・自分の思いや考えを根拠をもって課題解決に向け主体的に話し合う
	内容	思考		・課題解決に当たり、思考の方法（分析・構想）を身に付け、活用して選択肢型、活用して話し合う	・課題について、様々な思考の方法を用いて考え解決することができる
		話し合い		・根拠に基づき、筋道立てて、より良く話し合う 型・共通型・深化型など話し合いを活用し合う	・根拠を明確にして、話し合いや目的に沿って課題解決のために互いの意見を聞き合い話し合うことができる

1年間ユニット学習の流れ

世界にたった一つの「学校」リーダー学校生活改革

みんなで集う「学校・家庭・地域」みんながかけがえのない仲間「共に生きるために」

地域に広げる私たちの思い「学校と地域の絆」

世界に広げるかがやきのない仲間「未来をつくる一歩」「未来デザイン」

第2部　問題対処編

年の場合には，これら3つの範囲について，「めざす姿」「学習内容」「ゴールの姿」に分けて具体化していきます。

ここで「ろんり」に注目してください。低学年には，「順序，比較，因果，選択」，中学年には「分類，関係付け，評価」，高学年には「分析，構想」などを徐々にレベルを上げるように螺旋的に編成します。これらを第2章の表2-3で紹介したように，浅い学びの動詞から深い学びの動詞へ並べると子どもの発達に即した配列になります。また，表11-1では，「つながり」と「自分づくり」を範囲にしましたが，これを「ろんり」に位置付けるのではなく，「国際理解」や「環境問題」などの現代的な問題に関連付けて教科の単元等に位置付けるのもよいでしょう。いずれのアプローチであっても，教科横断的で深い学びをする学校カリキュラムになります。

● チーム学校の核になるチーム同僚

このような学校カリキュラムを開発し，各学級で取り組むには，何をどのような順番で教えるのかという「内容的側面」だけを決めればよいのではなく，誰がどのように作り，人的・物的・時間的条件を整えていくのかという「マネジメント的側面」も必要です。

山田荘小学校は，文部科学省の研究開発校（2012年度から2014年度）でしたのでここまでできましたが，普通の学校では，なかなかやり抜けません。

まず，もしもあなたが学校の管理職や主任で学校運営委員会等に参画しているのなら，あなたの学校の強みと弱みについて実態調査を通じて明らかにし，誰にもわかるように集約しておく必要があります。そして，学校の経営方針と実態とのズレを確認し，ズレのうちどれから改善策を講じるべきかというフィードバックをする必要があります。これは，本書で述べてきた学習課題から引き出した達成ポイントに沿って出来と不出来の確認し，不出来をできるように改善策を講じるという授業法と原理的には変わりはありません。

ただし，学校カリキュラムを机の上で作成しても，実際の個々の先生方の授業では，カリキュラムの方針を浸透させて，具体化することができず，結局は，旧態依然の授業に終始してしまうことも珍しくありません。学校カリキュラムには，校長先生だけでなく地域住民などの利害関係者のアイディア倒れになる

188

第11章　カリキュラム・マネジメントの取り組み方

というケースもあって，その時々の状況によって善かれ悪しかれ影響を受ける
傾向もあります（加藤，2017，pp.187-190）。

　それで，このような現実を目にして，私は，教師個々が自分の授業をよくし
ようという願いをもって「深い学びのための教科横断的な授業」を地道に進め
ていく方が，**トップダウン式より結果的には早道**ではないかと思います。

　教師がペアを組んで，本書で論じてきたような方法に沿って自分の得意な教
科の授業で子どもたちの「主体的・対話的で深い学び」を展開し，彼らの資
質・能力の育成に繋げる**ボトムアップ式**をお勧めします。かつてハーバード大
学の教員研修会に参加したときに，1年間に10%ずつ改革していくと，5年後
には現在の学校の姿が半分は改革されるという話を聞いたことがあります。

　新しい学習指導要領では，**「チーム学校」**ということが力説されていますが，
校長や研究主任だけが一生懸命旗振りをしているだけで，学校の多数の教師の
授業は，何ら変わっていないということもあります。確かに学校改革のために
は，管理職のリーダーシップも大切です。しかし，本当にチーム学校が動き出
すためには，教師たちが自分の授業をよくしたいという願いをもって，**「チー
ム同僚」によって学び合っていく教員研修を日常的に行うことが最も近道**で有
効な結果をもたらすのではないでしょうか。

　チーム同僚の最小構成単位は，2人1組のペアですから，気心の知れた同僚
でチームを作ってください。そして，相互研鑽しながら子どもの学習の向上と
いう「小さな成功」を見出してください。そのような核を作りながら，**ボトム
アップ式に各教室の授業改革から**学校全体のカリキュラム改革に繋げていくほ
うがリアルな改革になります。だから，本書では，各章の最後に，授業者の実
践計画だけでなくチーム同僚における学び合いをするための同僚研修の方法を
やってみることを推奨しているのです。

Q11-1 ▶ ほとんどの学校では，研究委員会がありますが，それとチーム
　　　　同僚とはどのような関係になりますか？

A11-1 ▶ 校長の了解を得て，小さな成功を収めることが大切です。

　チーム同僚は，中規模校以上では同学年の教員と，小規模校では学年は異なる
隣の学級の教員と組むことが多いように思います。このような研修を推奨する1

189

つの理由は，深い学びの授業実践がいくら優れていても，校内の教員が多忙な中で，「好きなことをやっている」と思われ，理解者がいないので，孤立してしまうことです。もう１つの理由は，いくら優れた実践あるいは拙い実践だと思っても，同僚から見れば，異なる見方もあって，それが授業者自身の振り返りのきっかけになることです。子どものペア学習・評価が深い学びのカギになるといいました。教員研修にとっても２人１組のチーム同僚が取り組みやすく，小さな成功を収めやすいのであって，それがきっかけになって学校全体に広がることが確かな改革に結び付くように思います。

ただし，これから取り組みたい新しい授業実践の意義と方法論と成果発表の時期などを記したＡ４判１枚程度に書いた文書を校長先生に渡して，了解を得ておくほうがよいでしょう。さらに，研究委員会にも話をしておいて，進行状況を逐次報告するような体制を取っておくことをお勧めします。

第11章のチェック・テスト

問1 本章の内容を理解しているかどうかをチェックするための小テストです。次の空欄に適切な用語を入れてください。正解は，本書の最後に載せています。間違った場合には，本章の該当箇所を読み直して，あなたの理解を深めてください。

カリキュラムの考え方は，総合的な学習が新設された頃に注目されました。というのは，何を教えるのかという（ ① ）といつ教えるのかという（ ② ）によって構成されるだけでなく，実施して，評価するということまで含めていたからです。

新しい学習指導要領では，その点も踏まえながら，（ ③ ）も含めて効果的に組み合わせて活用するという（ ④ ）の考え方を打ち出しました。そして，（ ⑤ ）視点に立って，（ ⑥ ）を育成し，（ ⑦ ）に対応する必要性を訴えています。

このような取り組み方については，チーム学校の核となる（ ⑧ ）によって少数の同僚と一緒に取り組み，小さな成果を収め，そこから学校全体に広げ

ていくほうが現実的ですが、その際に校長に実践の意義・方法・期間などを報告し、了解してもらっておくことが大切です。

教員の取り組み

授業者

1. 第11章で取り上げたキーワードは次の通りです。

> カリキュラム・マネジメント、範囲、教科横断的、深い学びの動詞、教科横断的、総合的な学習、配列、現代的な諸課題

　これらのキーワードを組み合わせて、できるだけ内容豊かな文章を作ってください。それによって、あなたがわかったかどうかということをチェックすることができます。

2. 次のようなワークシートを用意してください。

	1学期 （または〇月）	2学期 （または〇月）	3学期 （または〇月）
現代の課題1 またはA教科			
現代の課題2 またはB教科			
学びの動詞			

3. 左欄に「現代の諸課題」または教科名を考えて、学期または月によって徐々に発展的な学びになるような学習課題を書き出してください。

4. その学習課題と関連して、次ページの表（第2章表2-3と同じ）の「単一方向の指導」「複数方向の指導」「関連付けの学習」「抽象深化の学習」の各欄から動詞を2つずつ選び出して、それをあなたの学級で取り上げたい範囲（スコープ）として、横欄に書いてください。

第2部　問題対処編

浅い学び (教師中心)	単一方向の指導	記憶する，同定する，認知する，数える，定義する，描く，見つける，ラベリングする，マッチングする，名付ける，引用する，想起する，暗唱する，順序付ける，話す，書く，真似る
	複数方向の指導	分類する，叙述する，リストアップする，報告する，話し合う，例証する，選択する，語る，計算する，配列する，略述する，分離する
深い学び (子ども中心)	関係付けの学習	応用する，統合する，分析する，説明する，予想する，結論付ける，要約する，批評する，論じる，転移する，計画する，特徴づける，比較する，対比する，差別化する，組織する，ディベートする，ケースを述べる，構成する，書き直す，吟味する，翻案する，言い換える，問題解決する
	抽象深化の学習	理論化する，仮説設定する，一般化する，省察する，生成する，創造する，構成する，発明する，オリジナルを作る，最初の原理から証明する，オリジナルな事例を作る，最初の原理から解決する

チーム同僚

1．第11章で取り上げたキーワードは，次の通りです。

> カリキュラム・マネジメント，範囲，教科横断的，深い学びの動詞，教科横断的，総合的な学習，配列，現代的な諸課題

　あなたと同僚教師がこれらのキーワードを組み合わせて，できるだけ内容豊かな文章を1人1つずつ作ってください。

2．同僚がワークシートに作成した範囲と配列の表を見せてもらって，説明を聞いた後，質問や感想を述べてください。そして，新たな問題点や提案があれば，それも示してください。

第11章のチェック・テストで空所穴埋めが難しい場合には，次の用語を提示して，選択式テストに代えてください。

> 現代の諸課題，配列，資源，範囲，教科横断的な，資質・能力，チーム同僚，カリキュラム・マネジメント

●引用文献

加藤幸次（2017）『カリキュラム・マネジメントの考え方・進め方』黎明書房。

中央教育審議会（2016）「幼稚園，小学校，中学校，高等学校及び特別支援学校の学習指導要領等の改善及び必要な方策等について（答申）」文部科学省。

文部科学省（2017）『小学校学習指導要領』。

文部科学省（2017）『中学校学習指導要領』。

文部科学省（2018）『高等学校学習指導要領案』。

巻末資料

巻末資料 アクティブ・ラーニング（AL）の技法

　本書で紹介したアクティブ・ラーニングの技法は，次の通りです。なお，AL 13以外の技法は，Guillaume, A. M. et al. (2007) *50 Strategies for Active Learning*, Pearson Education, Inc. を参考にしましたが，実際に授業で使った結果を踏まえて，加除や修正を加えたものです。

小学校 低学年以上	AL 技法 1	ミステリーバッグ
	AL 技法 2	それホンマ？
	AL 技法 3	画像分析
	AL 技法 4	役割演技
	AL 技法 5	イメージマップ
	AL 技法 6	四隅論拠付け
小学校 中学年以上	AL 技法 7	考え－ペア－共有
	AL 技法 8	ジグソー
	AL 技法 9	ランキング
	AL 技法10	意思決定
	AL 技法11	学びの一文要約
	AL 技法12	ペアでノートチェック
	AL 技法13	3目並べ

　学習課題の中には，必ずしも正解がはっきりしないものもあります。例えば，家庭科で「ヘルシーな昼食弁当を作る」という学習課題を設定した場合，「ヘルシー」については栄養価，安全，などの条件，「昼食」については，時間やお手軽などの条件を考え併せて様々な選択肢を検討する必要があります。このような場合，技法9「ランキング」は，あれかこれか正誤が明確ではなく，解決策に関する複数の選択肢を見出して，それぞれの選択肢を選ぶ理由の検討を

194

しながら，**選択肢の優先順位を付ける**際に役立ちます。

　また，技法10「意思決定」については，個人的な問題だけでなく利害関係者が多く，社会的に問題になっている事柄についても使われ，**問題に対する様々な解決策を考えて，それぞれの解決策を選んだ際に起こりうる結果を見通して，最終決定を下す**点でランキングとは違っています。

　例えば，技法7「考え‐ペア‐共有」のように，明確な正解のあるなしに関わらず，有効で比較的よく使われるものもあります。また，技法6「四隅論拠付け」や技法8「ジグソー」は，**多様な選択肢の対比や多角的な検討を通して正解に辿り着かせる場合**に使いますし，**互いの選択肢の論拠付けを明確にして，反論に対する反駁を強固にする場合**にも使うことができます。

　これらの**技法すべてをマスターする必要はありません**。次の点に留意しながら，自分の取り組みやすい技法，あるいは，取り上げようとする題材にふさわしい技法からお試しでやってみることです。そして，これらの技法を何度も使うにつれて，さらに使い勝手がよくて，**効果的になるように自分なりに修正して**ください。

（1）「これならやれそう」と思う技法から始める。

（2）一度に1つまたは2つの技法に絞って試みる。

（3）もしも難しいと思う技法であっても，同僚がその技法を使って授業をしてくれるかもしれません。その場合には同僚教師の授業を参観させてもらって，参考にする。

（4）技法を1回だけ使って，失敗したり，成功したりしても，失望したり，満足したりしてはダメです。1つの技法を最低数回はやってみないとわが物とはなりません。

（5）アクティブ・ラーニングを適用して，失敗した場合には，なぜうまくいかなかったのかと振り返って，その原因から学んでください。例えば，子どもの学習物や発言を通してできたこととできなかったこと，なぜできなかったかということを分析することをお勧めします。同僚に授業を参観してもらって，良かった点や改善点を出してもらうのも効果的です。

巻末資料

Q アクティブ・ラーニングをすると，多大な時間を要しますか？

A 教師と子どもがアクティブ・ラーニングに慣れ，教師が時間管理をすれば，時間がかかりすぎることはありません。

　教育実習生や授業経験の少ない教師は別ですが，一人前の教師なら，自分が教えたい事柄を子どもたちに説明して教える方法を使って，所定の時間で終わらせることができます。

　しかし，**アクティブ・ラーニング**は，子どもたちに主体的で対話的な学びのための学習活動をして，教師は，自分の**指導意図を間接的に教えようとする**ものです。そんな面倒なことをしないで，教師が直接教えればよいと思うかもしれませんが，それでは，子どもは，受け身に学ぶだけで，思考・判断力は養えず，資質・能力が高まりません。

　アクティブ・ラーニングを授業に導入する前提として，本書の「教員の取り組み」で推奨しているように，第一に，教師が**アクティブ・ラーニングを体験する**ことをお勧めします。第二に，**子どももアクティブ・ラーニングに慣れ親しんでいなければなりません**。そのために，学級経営の柱に子ども同士の学び合いを据えて，平生の授業からペア学習や小集団学習を導入することをお勧めします。

　アクティブ・ラーニングをさせていると，予想外に時間を要したり，早めに終わってしまったりすることがあります。早めに終われば，次の説明や活動に移ればよいのですが，問題は，時間超過の場合です。授業終了のチャイムが鳴ってしまうと，子どもの学習意欲に急速に減退します。

　そのようなことにならないために，教師は，**タイマーを使って**，子どもも今どれぐらい時間が過ぎたのかを自覚しながら，学習できるような工夫をしてください。私がよく使っているのは，キッチンタイマーですが，百円ショップで購入したタイマーでも，実物投影機で映し出せば，大きな画面で見える化できます。

　教師の時間管理力がアクティブ・ラーニングの成否を決めるといっても過言ではありません。子どものアクティブ・ラーニングの成果が出ていなければ，残りの授業時間を勘案して中断し，教師の説明的授業に切り替えてもしてよいのです。

AL技法1：ミステリーバッグ　　対象：小学校低学年以上

(1) 目的
「魔法の袋の中に何が入っているのか？」と問いかけて，少しずつ中の物を取り出して…

①授業に対する子どもの興味関心を沸き立たせる。
②授業で取り上げたい題材に関連した複数の物を関連付けて，何が学習課題かということを把握する。

(2) 進め方
1. 事前に授業で取り上げる題材に関連した3つの物とそれを入れる袋を用意する。
   (注1) 外部から中味が見えない袋にする。
   (注2) これから取り組ませたい学習課題の概念や事実等から3つの物を選び出す。
2. 授業の冒頭に「この袋の中には何があるでしょうか？」と問いかけて，子どもからのすべての予想を受け入れる。
3. 「袋に入っている物から，これから始まる授業を予想してください」と述べて，無作為に1つの物を取り出して，「これは何ですか？」と問う。
4. 最初に出した物とは異なるように見える物を取り出して，「これは何ですか？」と尋ねて，その物を確認する。
5. 「最初に出した物と次に出した物にはどのような関係があるのでしょうか？」と発問し，相互の関係を推量させた後，それを発表させる。
6. 子どもたちの発表をすべて板書し，他の発表との異同を明らかにするが，ここでは正誤の判断は示さない。
7. 袋にある最後の物を取り出し，「これは何ですか？」と尋ねて，何かを確認した後，1番目と2番目と3番目の物の間の関係を推測させ，授業で取り上げたい鍵的な概念や事物を明らかにする。

(3) トラブル対処法
袋から取り出した物に子どもの関心がいってしまって，次に取り出す物に対する注意の焦点化がなされないことがある。その対策として，1つの物を出して，何か確認できれば，ゆっくりと一呼吸おいて，袋に目を向けるように指示した後，次の物を取り出す。

AL技法2：それホンマ？ 　　　　　対象：小学校低学年以上

（1）目的
これから授業で取り上げる事柄に関して真偽を交えた質問をすることによって…
①子どもたちの学習意欲を引き出す。
②小集団における調べ学習を促す。

これまで授業で学んだ事柄に関して真偽を交えた質問をすることによって…
①子どもたちの理解度をチェックする。
②小集団における知識の共有を促す。

（2）進め方
＜これから教える内容に関して＞
1. 教師がいくつかの真偽を交えた文章を作り，子どもたちに「どれが間違っているか？」と問いかけて，挙手させる。
2. 挙手した子どもを指名して，その理由を説明するように求める。
3. 子どもが説明した理由について，他の子どもに「それでよいですか？」と問いかけて，レディネスを確かめて，次の授業づくりに役立て，子どもにとっては学習への動機付けにする。

＜これまで学んだ内容に関して＞
1. 子どもたちを小集団に分けて，各小集団で本当のようで本当でない，嘘のようで本当と思われる文章作りをして，一番難しいと思われる文章を選ぶように指示する。
2. 小集団に選び出した文章を板書させた後，一番やさしそうな文章から難しい文章へと1つずつ「本当でない思う人は？」と発問し，挙手させて，その理由を尋ねる。
   （注1）子どもから出された真偽不明の文章について，他の子どもが単に自分の意見や感想で挙手して，終わることのないように，理由説明の際には，必ずその根拠となったノートや教科書などを示すようにさせる。
   （注2）難しい文章の場合，教科書やノートや資料集で振り返らせる時間を設けたほうがよい。それから2の進め方をする。

（3）トラブル対処法
A. 意見や感想を尋ねる文章なら，この技法は使えない。したがって，事実や概念を込めた知識を文章化して，その真偽がはっきりしたものを選ぶように指導する。
B. 偽りの文章だと挙手した子どもが少なければ，その理由を発言させた後，教師側に加勢したり，理由を補強するような論拠を示して，学級全体に返して，学級全体で探究するように仕向ける。

AL技法3：画像分析

対象：小学校低学年以上

（1）目的

絵やイラストや写真などの画像について…
① それをどのように示すのかという一般的なルールを知る。
② 複数の画像の示し方を理解する。
③ 画像分析で注意すべき点を知る。
④ 他のアクティブ・ラーニングの技法と組み合わせることができる。

（2）進め方

1. ビジュアルな特徴を見出す。
    a. ここから何がわかりますか？　b. これは何を描いて（写して）いますか？
    c. どんな全体的な印象をもちましたか？
2. その画像の時期や場所を明らかにする。
    a. いつ描かれた（撮影された）のですか？　b. どこで描かれた（撮影された）のです描か？　c. どのような場面ですか？
3. 描かれた（撮影された）事柄を踏まえて推量したり結論付けたりする。
    a. どのような結論を引き出すことができますか？　b. なぜこの画像（絵画，写真，イラストなど）を描いた（撮った）のでしょうか？　c. この画像（絵画，写真，イラストなど）は，どのようなメッセージ，思想，アイディアを示していますか？
    （注1）後でaやbやcの答えの裏付けをしなさい。
4. さらに知りたい事柄を明確にする。
    a. この絵（絵画，写真，イラストなど）からどのような疑問が生まれましたか？　b. もっと知りたい事柄は何ですか？
    （注2）上記のような「進め方」で進めるよりも，この画像から「不思議だなあ」と思うことをメモさせて発表させると，画像分析を子ども中心に展開することができる。しかし，それは，教師が画像に関する豊富な知識をもっている場合に限って成功する方法である。通常は，上記のようにステップ・バイ・ステップで進めることをお勧めする。

（3）トラブル対処法

A. 画像が小さくて，細部や濃淡がわからない場合には，実物投影機を使って，スクリーンに拡大する。
B. 授業以外での使用は，著作権侵害になる恐れがあるので，画像の取り扱いには注意する。

AL技法4：役割演技

対象：小学校低学年以上

（1）目的

これまで学んだ事柄について本当にわかっているかどうかを確かめるために，役割演技（ロールプレイング）をさせることによって…
① 争点に関する基礎的な知識を身に付けているかどうかということをチェックする。
② 登場人物の立場や考え方を理解して表現する。
③ 異なる立場や主張を踏まえて，適切な合意を導く力を養う。

（2）進め方

1. 学級全体に「こんなとき，どうする？」という問題場面を具体的に説明した後，その場面に登場する人物を明らかにする。
   （注1）登場人物は，あまり人数が多くなると，役割演技の質が落ちるので，5名くらいまでに留める。教師は進行係（ディレクター）になる。
2. 登場人物を学級の子どもに割り当て，それぞれの人物の情報を記し，最初の場面の3分程度のセリフを書いたプリントを渡す。
3. 一部の机を後ろに集めて，役割演技の安全なスペースを作り，机を通路の壁に見立てるような小道具も設置する。
4. 登場人物による問題場面を学級全体で再確認し，教室の外で登場人物同士で数分間打ち合わせさせる。
5. 教室内では，観客となった子どもたちに登場人物を割り当てたり，見る観点を定めたりする。
6. 登場人物を教室に入れ，最初の3分程度は台本通りの演技をさせ，対立場面になれば，役割演技を中断させる。
7. 対立場面における主な登場人物の今の気持ちを学級全体に言わせる。
8. 次に，教師は，時間や場所など新たに異なる場面設定をして，それぞれの登場人物に即興で役割演技をさせる。
   （注2）教師側から「そうだね」「違うよ」などの発言をして盛り上げ，観客が飽きないように声掛けをする。
9. 観客役の子どもたちに今回の役割演技について，それぞれの視点から見た感想を述べさせる。

（3）トラブル対処法

A. 役割演技をした経験のない子どもの場合，声が小さい，早口などになりやすい。それで，話すときには，大きな声で，ゆっくり，はっきり，聞こえるようにという基本ルールを徹底し，時には，予行演習をして，始めるほうがよい。
B. 役割演技では，予想外の時間を要することもある。もしも時間が足りなければ，進め方の8を省略してもよい。

AL技法5：イメージマップ

対象：読解は全学年
表現は小学校中学年以上

(1) 目的

頭の中にあるイメージを名詞や形容詞で連想してつなげると…

① 自分のモノの見方をイメージマップによって見える化し，特徴的に捉えることができる。

② イメージマップについて他者に説明したり，質問を受けたりして，自分のモノの見方を客観的に捉えることができる。

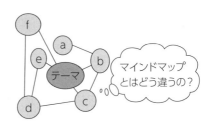

(2) 進め方

1. 取り上げたいテーマを教師が示したり，子どもと一緒に作り出したりする。
2. 子どもたち一人一人またはペアや小集団に1枚のプリントを配布し，テーマをプリントの中央に描き，「このテーマは何ですか？」と発問し，テーマについて子どもたちがわかっているかどうかを確認する。
3. 子どもたちにプリント中央に据えたテーマから連想する事柄をマップに次々に描き出すように指示する。
   (注1) イメージマップのサンプルでは，テーマに関連してbcdefがある。その中では，bがaとcに関連していて，テーマからのイメージの発展性が高いことがわかる。
4. でき上がったイメージマップについて，「相互に関連付けてストーリーを付けて説明してください」と述べて，学級で発表させる。
5. 同じイメージマップでも「読み取り方にどんな類似性と相違性がありますか？」と尋ねる。

(3) トラブル対処法

A. 最初に「イメージマップとは何か？」ということを説明して，その目的を明確にし，学習意義を強調する。そして，何らかのテーマを設定し，それに関連して4つか5つの名詞や形容詞を使って，イメージマップ作りを学級全体に演示する。

B. 年少児や発達障害の子どもがいる場合には，異種の名詞や形容詞には色を変えて記すような工夫をする。

C. イメージマップで描いた名詞や形容詞の類似性や相違性，重要度などを記すために，四角やひし形や台形など形を変えて，見える化をする。
   (注2) BやCのような見える化をするためには，事前に教師側でマッピングして，軽重の度合いを見極めておくほうがよい。

AL 技法 6：四隅論拠付け　　　対象：小学校低学年以上

（1）目的

　学習課題に関する異なる回答を教室の四隅に位置付けて，それぞれの論拠を発表することによって…

① 他者と自分の考えとの類似性や相違性を知り，自分の視野を広げる。

② 自分と同じ回答の子ども同士の論拠付けを強固にする。

③ 異なる立場の発表を傾聴して，深い思考を促す。

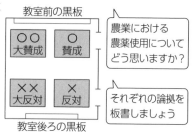

（2）進め方

1. 授業において特定の事柄について正解・不正解がはっきりしない学習課題を選び出す。
2. その学習課題について「大賛成」「賛成」「大反対」「反対」のうちからいずれかを選び，そのように思う根拠をノートやワークシートにメモするように指示する。
   （注1）学習課題によっては，「はい」「いいえ」「わからない」「ときどき」などの回答にしてもよい。
3. 教室前の黒板の両端に「大賛成」「賛成」，後ろの黒板の両端に「大反対」「反対」と書き，子どもに回答した場所に移るように言う。
4. 同じ回答の者同士で，そのように決めた理由を話し合わせ，その論拠をまとめさせる。
   （注2）その間に，発表者も決めるように言う。
5. 同じ回答の者でまとめた論拠を発表させる。
   （注3）教師側から発表に対する評価は避ける。むしろ子ども同士の質疑応答をさせたい。
6. 座席に戻って四隅論拠を聴き，自分の考えをノートに修正加筆するように指示する。

（3）トラブル対処法

A. 特定の隅に誰も立たない場合には，教師がその回答に対して考えられる論拠を示すほうがよい。少数の子どものみになった場合には，その勇気を褒めたたえる。

B. 特定の隅に多数の子どもが集まった場合には，2つのグループに分けて，話し合わせた後，相互で論拠の集約を図るようにする。

C. 正解を知りたい子どもには，各自の解釈や感想を述べて，視野を広げる意義を強調する。

　　（注4）進め方の4でそれぞれの論拠をまとめるために，隅の近くの黒板半分を使って板書させると効果的である。後ろの黒板は使えないような場合には，模造紙に論拠のまとめをさせればよい。

　　（注5）授業の始めに四隅論拠付けを使って，これから取り上げようとする学習のウォーミングアップをする場合には，進め方5は，省略してもよい。

AL技法7：考え－ペア－共有　　対象：小学校中学年以上

(1) 目的
学習集団を「個」から「ペア」，そして，「学級全体」に広げる目的は…
① 1人で考えた事柄を振り返って，思考に幅と深みをもたせる。
② 授業参加の少ない子どもを減らす。
③ 教師が次にどのように指導するべきかということを決める。

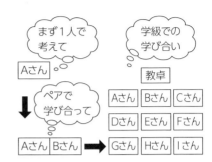

(2) 進め方
1. 次の点に留意して，授業において発問を何にするのかということを決める。
   a. 教育目標　b. 子どもの既知と興味・関心　c. 授業モデルの適用場面（難易度も変わる）
   d. 個人で考え，ペアで取り組ませるためのとき
2. 発問し，一人一人の子どもにノートまたはワークシートにその答えを書かせる。
   (注1) 年少や学力的に厳しい子どもの場合，語彙やフレーズのみでも書くように指導する。
3. 子どもにペアを組ませて，発問に対して書いたものを互いに回し読みをしたり，口頭で発表する。
4. ペアでの話し合いを通して，「これはよい」と思うような鍵になる考えをメモし，そこに括弧を付すように指示する。
5. 発問に対する鍵的な考えを発表させる。
6. もしも子どもの考えが深まっていないようなら，2つのペアを1つの小集団にまとめて，進め方の3から4の過程を踏ませる。
7. 発問に対する考えの深まりが感じられれば，ペアまたは小集団単位で鍵的な考えを学級全体に発表するように促す。
   (注2) ここで学級全員が同じ答えを共有しなければならない訳ではない。
8. 授業のいくつかの節目で，進め方の2から4を繰り返す。

(3) トラブル対処法
A. ペアを組ませても話し合いが進まない場合には，机間指導の間に声掛けをして励ます。このようになるのは，次の理由が考えられる。
   a. 子どもが授業内容を理解していない。　b. 普段からあまり話をしない。
   (注3) 形式的にペアを組ませれば，ペア学習が機能するわけではない。第9章を読んで，日常的にペア学習のルールを徹底させたい。

AL技法8：ジグソー

対象：小学校中学年以上

（1）目的

子どもによる学びの差が出ないようにするために，小集団学習を活用して…
① 同じ視点の仲間同士の学びを統合する。
② 異なる視点をもった仲間に対して，自分なりに説得力のある説明をすることができる。

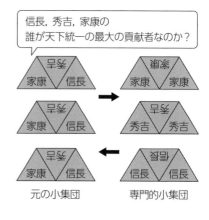

（2）進め方

1. 取り上げたい学習課題が何分割できるかを明確にする。例えば，「信長，秀吉，家康の誰が天下統一の最大の貢献者か？」なら3分割，国語の物語文の4人の登場人物の心情からその物語の全体像を明らかにするのなら4分割できる。
2. 3分割なら3人，4分割なら4人で構成する小集団を編成し，これを「元の小集団」と呼ぶ。（注1）小集団の人数は，最大6名までとする。
3. N分割した場合，教師が元の小集団にN個の異なる教材や内容を捉える視点を与える。例えば，3人の小集団の場合，子ども一人一人に信長，秀吉，家康のどれかの視点によって調べ学習をさせる。
4. 元の小集団内のそれぞれが割り当てられた視点に沿って，調べたり，読み込んだりして，その結果をノートにまとめさせる。
5. 元の小集団を解体して，同じ視点の子ども同士でN人からなる「専門的小集団」を作らせ，そこで元の小集団の学びや，疑問を出し合って，互いに共有するように指示する。
6. 専門的小集団内で発表し合っても，なお疑問に感じた事柄があれば，それを調べたり，検討して，元の小集団にそれぞれが戻って，尋ねられても，しっかり答えられるように言う。
7. 専門的小集団を解き，元の小集団で担当した視点で学んだ事柄を発表し，質問に答える。
8. 元の小集団に対して，教師は，興味深い事柄や面白い事柄を学んだかどうかを尋ね，適宜，発問して，子どもの理解度をチェックする。

（3）トラブル対処法

A. 言語力が弱いために，専門的小集団内での学習が難しい場合には，専門的小集団で，「概念マップ」や図解のような見える化をする技法を教えて，それによって表現させる。
B. 元の小集団で他の子どもに説明する際にも，ビジュアルな学びの表現をするようにする。

アクティブ・ラーニング（AL）の技法

AL 技法 9：ランキング
対象：小学校中学年以上

（1）目的
学習課題の探究や解決の中で最も優先すべきものを考えることによって…
①基礎知識を活用しながら，学習課題について多様な見方・考え方があることを知る。
②学習課題に関する深い理解を促す。
③視点や基準が違えば，優先順位も異なってくることに気付く。

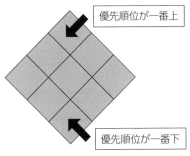
大切なのはトップとボトム

（2）進め方
＜選択肢カードを用意する場合＞
1. 特定のテーマに関する情報を9枚または4枚のカードに記入して，子どもに自分なりの理由を考えながら，優先順位の一番上をトップに，一番下をボトムにランキング付けをするように指示する。
2. 小集団で各自のランキングとその理由を発表し，小集団として1つにまとめさせる。
3. 学級全体で各小集団のランキングを発表させ，教師は，適宜，要点を補足説明する。

＜シートやノートに自由に書く場合＞
1. 特定の学習課題に関する基礎知識が定着したことを確認した後，重要な9つまたは4つの知識を各自に書かせ，一番上から下に優先度を落として書かせる。
2. ペアを作って各自のランキングとその理由を説明させ，必要なら修正加筆もさせる。
3. 「最優先のランキングは何か？」と発問し，その理由を点検しながら，学級全体での最優先したものを引き出す。　（注1）視点が違えば，正解も変わることに気付かせる。

（3）トラブル対処法
A. 小集団を編成すれば，全体をまとめながらランキング付けすることが難しい可能性もあるので，進行役を割り当てて，その人に交通整理をさせる。
B. 「結局，どれが正解ですか？」と子どもから尋ねられた場合には，適切な視点や基準で物事を見ているかどうかということが大切であって，しかも，「適切な」ということが複数ある場合には，あれも正解であり，これも正解であるという複数の正解があるということを説明する。
　（注2）ランキングでは，子どもたちの自由な意見表明ができる学級風土である必要がある。したがって，一見馬鹿げているという発言でも批判や中傷をしないようにする。
　（注3）学級全体でランキングの話し合いをする際には，視点や基準の設定に妥当性や説得力があるか否かということが重要なポイントである。

AL技法10：意思決定

対象：小学校中学年以上

（1）目的

「こんなときにどうすべきか」について賢明な意思決定を下すために…

①意思決定に関わる状況をしっかり理解する。

②意思決定に関わって様々な利害関係者がいることに気付く。

③特定の決定を下した結果，どのようになるのかということを予想できる。

プラス(P)	マイナス(M)	改善(I)

PMIのシート

（2）進め方

1. 子どもたちに意思決定をして欲しい問題状況を詳しく説明する。

2. その状況について，さらに知識が必要な場合には，それを調べる機会を与える。

3. その問題状況について何らかの意思決定を下した場合，どのような人に影響が及ぶのか，つまり，「利害関係者」を確認する。

4. どのような決定を下すのかという選択肢を可能な限り考え出す。

5. それぞれの選択肢に沿った決定を下した場合どのような結末になるのかを予想する。

6. それぞれの選択肢について，結末も考えて，よりよい選択肢を考える。必要なら，選択肢の優先順位を付ける。

   （注1）各選択肢の結末を予想しておくことが意思決定の根幹である。その際に，短期・中期・長期などに分けて考えてもよい。最初に何をすべきかを最も重視して意思決定することもある。

7. 最も優れた選択肢に沿って決定を下す。

（3）トラブル対処法

A. ここにあげた進め方は，中学生以上の場合であり，選択肢を重み付けするための表を載せたワークシートに書かせるのもよい。

B. 小学生に意思決定をさせる場合には，最初に紹介したようなPMIのシートを使って，プラスとマイナスと改善を書かせるとよい。なお，「改善」を「面白い」に代えて記入する方法もある。

C. すぐに意思決定を下して，それ以上考えないような子どもに対しては，進め方の3と4を強調して，多様な選択肢を考えさせ，その中で最初に下した意思決定が適切かどうかと問いかけたい。

D. ペアや小集団で意思決定を下させる場合でも，多数決で決めるのではなく，進め方の3と4を踏まえて決定するように指導する。

アクティブ・ラーニング（AL）の技法

AL技法11：学びの一文要約
対象：小学校中学年以上

（1）目的
自分のノートを振り返って…
①自分が学んだ事柄の中からいくつかの重要なキーワードを見つける。
②自分が学んだ事柄を振り返りながら、「何が最も重要であったか？」を見つける。
③最も重要な事柄について1つの文章にして説明できる。
（注1）字の上手下手は問題にしない。

理科　月の形

・月の形が変化して見える。
・月の表面のでこぼこは、同じ方向にかげができている。
・太陽からの光が月の表面に当たって反射している。
・月は地球のまわりを公転しており、地球もまた太陽のまわりを公転しているため、位置関係が変化する。

一文にまとめよう
キーワード：位置、反射、変化

月は、太陽の光を反射して光っている。

（2）進め方
1. 事前準備として、年少児の場合には、ヒントになる教材や絵を示す。
2. 単元が終了したり、一区切りの学習になったら、ノートや教科書などを振り返って、キーワードをメモさせる。
3. キーワードを使って、これまでの学びの成果を圧縮した1つの文章を書かせる。
4. ペアに自分が書いた一文を読んで、その理由も述べ、相手に感想や意見を求める。
5. 相手のペアが書いた一文を読み、理由説明もしてもらった後、それに対する自分の意見や感想を述べる。
6. ペアの相手とのやり取りを通して、修正加筆を要すると思えば、一文を手直しする。
7. 単元途中の授業なら、1から5までの進め方をした後、子どもたちに一文を提出または板書させ、様々な学びをつなげたり、教師が重要なポイントを説明したりする。
   （注2）子どもたちが学びを集約した一文には、正解不正解はない。教師は、それに囚われずに、子どもが一文を選んだ理由を通して学びのレベルや間違いなどを把握する機会としたい。

（3）トラブル対処法
A. 国語力の弱い子どもと強い子どもをペアリングすると、その理由の説明を通して、互いに学び合いができるようになる。
B. 年少児や国語力の弱い子どもには、一文要約を口頭で説明するように指導する。
C. 子どもが一文要約に不慣れな場合、教師が一文要約の書き方をモデルとして示す。
D. 発達や国語力によって、文章を書くのが難しい場合には、単語やフレーズに代えてよい。
E. 子どもに学級全体の発表を聴いた後、自分の一文を修正したければ、それを認める。

AL技法12：ペアでノートチェック　　対象：小学校中学年以上

（1）目的

ペアでノートを読み合って…

① 自分が学んだ事柄を振り返りながら、「何が重要か？」を確認する。

② 「どちらが重要か？」というやり取りを通して、そこで意味している事柄を明らかにする。

③ 互いのノートの記述に見られる間違った概念（誤概念）や疑問点を見つけ出す。

（注1）字の上手下手は問題にしない。

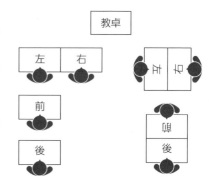

（2）進め方

1. 左右または前後の机に座っている子ども同士でペアを作る。
   （注2）ペア学習が短時間なら机を寄せる。3分以上なら正対するように机を並べる。
2. ペアになっている者に自分のノートで重要と思う事柄を見つけるように指示する。
3. ペアになっているAさんがBさんに重要と思う事柄とその理由を説明する。
4. Bさんは、Aさんに正対して傾聴した後、疑問点や自分の考えがあれば、述べる。
5. Aさんは、Bさんから褒められた点については〇を記し、疑問や意見について答えられれば、答える。それらのうち重要と思う事柄があれば、ノートに書き加える。
6. Bさんが説明者、Aさんが聴き手と役割交代し、3から5のステップを繰り返す。
   （注3）子どもの経験や既有知識によってノートに書く事柄は変わってくる。正解が明確でない場合には、選んだ理由が妥当であれば、すべて認めるように指示する。

（3）トラブル対処法

A. 進め方6の後、教師が学級全体にペアの学びを発表させる際に、間違っている場合には傷つけないように訂正する。

B. 机間指導で子どものノートの書き具合が悪いとわかれば、全体指導をやり直す。

C. 学級でペアに発表させる時間がなければ、カードに重要な事柄を氏名明記で書かせて、提出させ、教師は、カードをすぐにチェックして、よいカードは褒め、間違いはAの配慮を。

D. 子どもの発達のために、文章が十分に書けない場合には、単語やフレーズを書かせる。

E. 発達障害等によって特別な配慮を必要とする子どもには、ペアの組み合わせ（ペアリング）を考える必要がある。

F. それ以外の場合、ペアの組み合わせによって、学び合いの効果が高まったり、低まったりするので、頻繁に組み合わせを変える必要がある。

AL技法13：3目並べ　　　対象：小学校中学年以上

（1）目的
1行に3枚のカード計9枚を並べて…
① これまで学びについて，カードと関連付けて要約させ，子どもの理解度をチェックする。
② 子どもの誤概念や混同を表出させる。

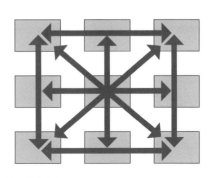

（2）進め方
1. 「単元（または一連の授業）で学んだ事柄を9つ挙げてください」と発問し，出てきたものを（裏にマグネットを付けた）カードに書き出す。
2. 子どもから適切な概念や語彙が出なければ，その不足分を教師側で補足して，カードに書き出す。
3. このようにして作成したカードから無作為に9つのカードを選ぶ。
4. 9つのカードを縦横3枚ずつになるようにボードまたは黒板に貼り付ける。
    (注1) 9枚のカードの中央の1枚は，難易度が高い場合には，比較的簡単な語彙または概念のカードとし，難易度が低い場合には，難しい語彙や概念とする。
5. 子どもたちに「これらのカードのうち縦または横または斜めの3枚のカードを使って，単元（または一連の授業）で学習した事柄をノートに1つの文章として書きなさい」と指示する。
6. 子どもを無作為に指名して，書いた文章のうち1つを読ませて，出来がよければ褒め，不十分な出来の場合には，傷つけないように補足説明をする。

（3）トラブル対処法
A. この技法では，縦横斜めの3枚のカードを使って全部で8つの文章ができるが，4つ程度の文章ができればよいこととする。
B. 単元（または一連の授業）の学びでこのような関連付けや要約をさせることに子どもが慣れていなければ，①とても興味のあること，②もっと知りたいこと，などの問いかけをして，回答を9枚のカードに書き出し，この技法による関連付けの文章化の仕方に慣れさせる。

各章におけるチェック・テストの解答

第1章のチェック・テスト

①主体的，②対話的，③深い，④質，⑤資質，⑥逆向き設計，⑦達成ポイント，⑧ペア，⑨フィードバック

第2章のチェック・テスト

①教育内容研究，②深い学び，③教育目標，④学習課題，⑤動詞，⑥呼びかけ風，⑦主要発問型

第3章のチェック・テスト

①深い，②子ども，③達成ポイント，④例，⑤学習物

第4章のチェック・テスト

①深め，②学習課題，③山場，④低次，⑤高次，⑥開いた発問，⑦相互作用

第5章のチェック・テスト

①ズレ，②指導，③授業改善，④自己評価，⑤自学，⑥ノート，⑦実物投影機

第6章のチェック・テスト

①深い学び，②10分，③学習物，④達成ポイント，⑤中学年，⑥アクティブ・ラーニング，⑦学びの改善策

第8章のチェック・テスト

①学習活動，②学級風土，③成長マインドセット，④固定マインドセット，⑤テスト，⑥挑戦，⑦得意なこと，⑧強み，⑨失敗や間違い

各章におけるチェック・テストの解答

第9章のチェック・テスト

①指導を介した学び，②対話的，③ペア学習，④個別学習，⑤動作化，⑥アクティブ・ラーニング

第10章のチェック・テスト

①興味関心，②既知，③学習活動，④板書，⑤振り返り，⑥共有化，⑦10分，⑧自己評価

第11章のチェック・テスト

①範囲，②配列，③資源，④カリキュラム・マネジメント，⑤教科横断的な，⑥資質・能力，⑦現代の諸課題，⑧チーム同僚

おわりに

　どのようにして子どもの「深い学び」を導くのかという方法論に関する本は数多く出版されています。そこに実践例も添えられていると，説得力があるように見えます。でも，その方法論を使って最終場面における一部の子どもの成果物を示していることはあっても，学級全員の子どもの深い学びが生まれていることを**実証的に確かめている本はありません**。それで本当に子どもたちの深い学びを実現できたといえるのでしょうか。

　しかも，紹介されているのは，文部科学省の研究開発校であったり，学力が高くて有名な学校の実践であることが多いようです。そのような学校は，もともと子どもたちだけでなく先生方の成長マインドセットも高くて，授業研究の基盤もしっかりとしています。しかし，普通の学校がこれらの優れた学校の実践を真似てもうまくいかないように思います。子どもだけでなく教師においても，普通の学校のリアルな実態とはかけ離れているからです。

　本書は，このような問題意識に立って，**評価の観点から普通の学校の普通の教師が子どもたちに深い学びを生み出していく過程を解説した手引書**です。

　さて，本書をお読みいただいた後，どのような感想をおもちになったでしょうか。まずは自分の学級の子どもたちに成長マインドセットのアンケート調査をしたが，その結果があまりよくなかったので，本書のような授業づくりは無理と思った方もいるかもしれません。例えば，第9章で推奨しているペア学習を少なくとも1カ月はやってみたでしょうか？　すると，「他者のために役立っている」という自己有用感が子どもたちの間に育って，学級の人間関係も変わり，成長マインドセットの育成に繋がっていくはずです。あるいは，授業では閉じた発問が多かったと気付いた先生は，第4章に紹介したような開いた発問の作り方に学んで，子どもたちに多様な応答を促すことから始めてはい

おわりに

かがでしょうか。

　要するに，本書を最初から読み進めて，**マニュアルのようにやっていっても，先生方が抱いた授業イメージの半分程度しかできません**。子どもが深い学びを主体的に創造するためには，ファーストフードの店員のようにマニュアル通りに進めれば実現できるわけではありません。そうではないから，学習指導要領でもいっているように，教職は，近未来でも消え去る仕事には入っていないのです。

　では，先生方は，何をすればよいのかというと，自分が担当する学級の状況を見つめ直して，**授業における子どもたちの学びの出来と不出来を明らかにし，出来を得意な面として伸ばしながら，不出来を克服する策を講じる**ことです。それが「**形成的アセスメント**」と呼ばれる学習評価です。その意味で，子どもたちの学びは，画一的ではなく，個性的なのです。そして，このような評価と学びのズレを埋めるための**フィードバック**を繰り返していけば，最終場面の学びの成果物も質的に高いものができ上がり，「総括的アセスメント」と称する成績評価もアップするはずです。

　そこで大切なことは，教師が「子どものために」という気持ちを本気でもち続けることです。これからの時代は，学校卒業後も持続的に学び続けることが求められています。とすれば，子どもたちは，**「今の学びは何のためにやっているのか」ということを自覚**できなければなりません。教師から教えられるだけでなく，子ども同士で学び合い，形成的アセスメントを受けて自ら学びを展開するようにならなければなりません，そのための手がかりとして，本書では，学習課題とそこから導かれる**達成ポイントを提案**しています。

　子どもたちにおける深い学びは，このように様々な構成要素が組み合わさって，成り立っています。繰り返しますが，先生方の学級の状況や得手・不得手によって，授業モデルのどの構成要素に力点を置くのかということも変わってきます。まずは，ご自分の学校と学級の**実態把握を踏まえて，何に焦点を合わせるのかということを明確にして授業づくりにチャレンジ**していただければと思います。

　実は，本書は，協働研究をしている学校の先生方にハンドブックをお渡しして，研修会と授業参観を繰り返しながら，先生方がつまずきがちな箇所につい

213

ては詳述し，投げかけられた疑問に対しては，Q&A のコーナーを設けて，4
度にわたって改訂したものを下地にしてでき上がったものです。したがって，
これまで協働研究に加わっていただいた先生方のお力添えなくして本書はでき
ませんでした。本書において実名で引用させていただいた先生方，諸事情のた
めにそれは避けましたが，これまでいろいろ学ばせていただいた先生方に御礼
申し上げたいと思います。

　そして，出版事情の悪い折，図書文化社から刊行していただけるようになっ
たというお知らせを受けて，本当にうれしい限りでした。担当編集者の大木修
平氏には，本書の最初の読者として不十分な点を指摘していただき，有益な助
言も得ることができました。心から御礼申し上げます。

　読者の先生方が本書の方法論にしたがって実践していただくと，さらに様々
な疑問や不十分な点があるでしょう。その一部は，恐らく私たちが実践研究中
の課題であるかもしれませんが，想定外の問題点も少なくないでしょうから，
そのようなご批正の声をお寄せいただければと願っています。それによって，
私どもの不出来をできるようにする機会としたいと思います。

　なお，本研究は，日本学術振興会　科学研究費補助金　基盤研究（C）「ア
クティブラーニングを学習評価する方法」（研究課題・領域番号16 K 04507：
平成28年度〜平成30年度。研究代表者：安藤輝次）の助成を受けました。そ
のお蔭でイギリスのワークショップ参加や招聘教授を迎えることもでき，我が
国の小中高の先生方との協働研究にも役立てることができました。感謝の意を
表します。

                                                    2018年 3 月

                                                    安藤輝次

●著者

安藤輝次（あんどうてるつぐ）

1950年，大阪府生まれ。福井大学教授（同大学附属中学校校長併任を含む），奈良教育大学教授を経て，2012年より関西大学文学部教授。著書に，『ポートフォリオで総合的な学習を創る』（2001年，図書文化），『絶対評価と連動する発展的な学習』（2004年，黎明書房），『持続的な学びのための大学授業の理論と実践』（2018年，関西大学出版部），編著に『評価規準と評価基準表を使った授業実践の方法』（2002年，黎明書房），『学校ケースメソッドで参加・体験型の教員研修』（2009年，図書文化），共著に『総合学習のためのポートフォリオ評価』（1999年，黎明書房），訳書にクラーク，S.『アクティブラーニングのための学習評価法』（2016年，関西大学出版部）などがある。

みんなで「深い学び」を達成する授業
形成的アセスメントで子どもが自ら学びを把握し改善する

2018年3月31日　初版第1刷発行［検印省略］

著　　者	ⓒ安藤輝次
発 行 者	福富　泉
発 行 所	株式会社　**図書文化社**
	〒112-0012　東京都文京区大塚1-4-15
	Tel. 03-3943-2511　Fax. 03-3943-2519
	振替　00160-7-67697
	http://www.toshobunka.co.jp/
組　　版	株式会社 Sun Fuerza
印刷・製本	株式会社 厚徳社
装　　丁	株式会社 オセロ

JCOPY〈出版者著作権管理機構 委託出版物〉
本書の無断複写は著作権法上での例外を除き禁じられています。複写される場合は，そのつど事前に，出版者著作権管理機構（電話 03-3513-6969，FAX 03-3513-6979，e-mail: info@jcopy.or.jp）の許諾を得てください。
ISBN 978-4-8100-8702-4　C3037

話題の教育テーマを押さえる！

中教審のキーパーソンが語る，授業と学校の不易とは。

シリーズ 教育の羅針盤⑤
新しい教育課程における
アクティブな学びと教師力・学校力

無藤 隆［著］　　　四六判 272頁●本体1,800円+税

教育界の各分野トップランナーが，最新の事情や話題の教育テーマを踏まえて持論を語るシリーズ「教育の羅針盤」。今作は，中教審委員として教育課程改訂に関わってきた著者が，前回改訂と今回改訂のつながりや，これからの教育の有り様について解説する。

道徳教育はこう変わる！　改革のキーパーソン，ここに集結！

「考え，議論する道徳」を実現する！
主体的・対話的で深い学びの視点から

「考え，議論する道徳」を実現する会［著］　A5判 192頁●本体2,000円+税

文部科学省職員，中央教育審議会委員，道徳教育の研究者，先駆的に取り組んできた現職教員ら16人が，新しい道徳教育にかかわる教育現場の疑問に応えると共に，新しい道徳教育や，道徳科における授業の実現のポイントを解説する。

「主体的・対話的で深い学び」を実現する，たしかな授業設計論。

授業からの学校改革
「教えて考えさせる授業」による主体的・対話的で深い習得

市川 伸一［編著］　　　A5判 184頁●本体2,200円+税

好評「教えて考えさせる授業」シリーズ学校事例編。学校ぐるみで取り組み，学力向上を実現している小中学校の実践を紹介する。授業が変わることで子どもが変わり，さらに教員集団が成長し，学校全体がよくなっていく道筋を描く6編のレポート。

本当のアクティブ・ラーニング，できていますか？

アクティブ・ラーニングのゼロ段階
学級集団に応じた学びの深め方

河村 茂雄［著］　　　A5判 72頁●本体1,200円+税

実態に合わないグループ学習によって起こる，授業不成立や子どもたちの学力低下について警鐘を鳴らすと共に，これからの教育実践の最低ライン「学び合いのある集団」をどう確保するか提案する。学級集団だからできる深い学びをめざして。

図書文化